成田新十郎

“円”の合気 修得のキーワード！

稽古日誌に記された短く深いことば

BABジャパン

序

生涯の恩師となった光輪洞合気道創始者であられた偉大な平井稔先生に巡り合えたのは幸運と言うほかありませんでした。昭和34年の7月のことでした。武道を求めて入門するにはもう遅すぎる30歳の時でした。夏の入門でしたので〝蚊弟子〟と呼ばれ三日坊主で三カ月も続くまいと思われていたと思います。腕力に頼りそのうえ身体が固く動きに柔軟性がなく、当時若い学生さんが多かったせいもあって悪い見本のような存在でした。

いつも柔らかくなれ、力を抜けなどと注意を受け続けていました。それが間もなく87歳を迎える今日に至るまで迷いながらもその輝きに導かれながら新しい気付きを求めて、大先生の掲げられた〝球理〟から生まれ出る合気道の自得を求め、共にこれを目指す同志の方々と一緒に稽古に励んで今日に至っています。このような貴重な道としての目標を与えていただき持続して求めることができたのは一重に大先生の稀にみる立派なお人柄、弟子に対するご慈愛、ご人徳と共にその提唱された貴重な武道理念のおかげであると深く感謝しています。

入門から数年たった頃から、稽古中に受けた大先生からご注意や教えの数々を、帰宅後何も解らないままにそれらのお言葉をそのまま断片的に記録し続けていましたが、そのうちの、昭和43年ころから東京道場でご指導いただいた尊いお言葉を纏めました。記録はそれらのお言葉や雰囲気を当時のまま修正なく記載してあります。

自分の理解を超えてその真意がその時に解らないから記録したことに、意義があると信じて続けてき

序

たものです。それらの記録から大先生が弟子に伝えたいと思われていた真意がおぼろげでも納得のゆく自分を発見できる日があることを信じ、それを楽しみに修行してきました。自分の変化に気付くことができるための資料という所に存在価値があると思っています。記録は正しいその時々の大先生から弟子達への貴重な伝承であると認識し、その体得のための何より大切な資料としています。

　これを纏めたのは平成18年8月25日です。大先生から直接道場でのご指導を受けることができなくなった平成に入ってからは別に纏めた大先生直伝の円理から生まれ出る母体武道、創造武である光輪洞合気道の私の如是我聞の記録である〝解説講義録〟並びに〝清和会講義録〟を座右に置き、繰り返し繰り返し拝読して稽古においてその教えが実証でき、証しを立てられるよう願って行や思索を繰り返しながら今日に至っています。未だ迷いの域を出ないことは凡人の悲しさですが人生の終着点に至るまで念々念願して求め継続したいと思っています。

　いろいろの項目を設定して随所に解説的記載がありますが、これらは前記の講義録からの引用やその記述時点における私なりの解釈を述べたものです。参考にしていただければ幸いと思っています。

　見えない世界の中に真実があります。文字や言葉、そして外に現れた姿で説明できるような武道はないと教えられています。

　最も大切なことは、すべては大先生の〝球理〟という根本理念を実現するために出たお言葉、ご指導であったわけでありました。しかしこの覚書を何度も読み返してみますと、当時の私の未熟さ故に、大先生の真意まで考えが及ばずに気付かず、まことに残念ながら随所に、一番解りやすかった、表現された身体操作という末端技法を求めていた心境からの欲望、態度で記録されていたことが痛感させられます。

大先生の合気道とは円和一元の法則に則って無から有、即ち心から形（身体）に現すのに円（球）で表現するという意の道、心の道としての心武としての母体武、創造武です。決して末端技法を追究するということが最終目的とする修得武ではないということです。技法は本質を感得するための行であり方便であることを心得て千錬萬鍛し修行しなければなりません。

昨年の初春に、かねてからご縁のあったＢＡＢジャパン企画出版部の原田伸幸氏から私の稽古覚書を上梓しないかというお勧めを受けました。自分の高齢それに伴う老化を実感している昨今を顧みる時、自分がいかに願っても、このような機会はもう二度と巡って来るものではないと思ってお勧めをお受けする決心をいたしました。

ぶつ切りで断片的な項目を寄せ集めた私個人のためのメモであり、本来大先生の武道哲学では根源的な思想の一元からすべての表現が顕れ出るものであるわけですから、順序立てのしようもないことであると思っています。このメモに価値を感じて武道に関心のある方々の参考に供したいとの熱意と誠意をもって臨んでいただいた原田伸幸氏が熟読の上読者の見地に立ってみたとき、私の勝手に並べただけのものより理解しやすいように五章に分類して下さいました。各章の冒頭にそれぞれの章の氏の率直なコメントを書き添えていただきました。

解説のための実技写真を無事に撮影し終えることができましたのは、適切な事例の設定とその理解のための絶妙な問いかけをいただいた原田氏、そして目に見えない思いの世界の表現を、目に見える形として身体表現の映像化ができるように、魂と魂の働き合い、相互の気の繋がりのままに極めて素直に対応して下さった無元塾主宰の白石太志氏並びに合氣研究所を率いておられる小形宰一氏のご助力の御蔭であります。この場を借り心底より感謝し厚く御礼を申し上げます。

貴重な得難い訓えを受ける機会を与えられた直弟子の一員として、大先生の拓かれた武道の伝承は最重要な使命であり責任であると痛感し、大先生の遺徳を偲びつつ総論として大先生の提唱された武道哲学の概要を記載いたしました。一人でも多くの方々の武道修行や人生を歩むための処世の実学としてその価値を見出していただければこんな果報はないものと思っています。

平成二十七年二月

成田新十郎

目次

第三章 円・球の身体性──「腰の回り」とぶつからない身体性の獲得……………81

本書の成り立ちについて

本書は特殊な構造から成っています。そして同時に「合気」というものの本質にこの上なく迫り得た本の一つであると確信しています。

ここに記されているのは、光輪洞合氣道創始者、平井稔師から受けた教えを、本書著者である成田新十郎師範が書き留めた〝メモ〟が元になっています。平井師の言葉そのままであり、成田師範がその修練の過程において誰のためでもなく、ご自身の合気修得のため、必死に書き留めて来たものです。だから多分に断片的でもあります。そこが〝ミソ〟でもあるのです。

皆さんはこんな経験はないでしょうか。少しずつ学んできたもの、それまではバラバラに思えていたそれらがある時突然、繋がっている事が見え、途端に理解が深まる。そして急激に応用性が広がる。

これが、こと武術に限らず、時間をかけて学ばねばならないものの本質だと思います。ましてや「合気」ともなれば、誰もがすぐに会得できるというものではありません。

「教え」はいつも断片的で厖大、広範多岐にわたるものです。それがある日突然繋がる時が来る。その繋がり方は人それぞれであり、どれだけの時間を掛ければその日がやって来るのかも人それぞれなのです。

何より大事な事は、受けたその断片的にも思える教えを、確実に蓄積していく事です。身体で覚える、頭で覚える、理論で覚える、感覚的に覚える……、どのような形ででも、です。蓄積して行けば、いつか必ず繋がる日がやって来るはずなのです。

本書は、成田師範の〝蓄積〟を共有していただく事を狙いとしています。それは、平井師の教えをそのまま忠実に、まだ未熟だった成田師範が必死に血肉とすべく書き留め続けてきたものだから、可能なのです。個人的な〝メモ〟とは、それほどの力を秘めているものです。

先に記しましたように〝断片的〟である本書は、小説のように最初から順番に読み進めて行く必要はありません。テーマによって五つの章に分けて構成していますので、その時興味があるテーマ、気になる言葉がある所を拾い読みして行ってもよいと思います。しかしながら、ぜひとも必ず、全ての言葉に目を通してみていただきたいのです。その瞬間、必ず何らかの繋がりが見えてくるはずです。遠くにあるように思えていた事象が結びつき、「合気」というものの本質に確実に近付けている実感が得られるでしょう。本書はそのように構成しています。

平井師は成田師範に対して「言葉で残そうとするな」と戒めたそうです。その体現される動きやその裏付けとなる理論、あるいは言葉としての教えでも、その裏に潜む真意……それらのすべてを〝メモ〟で残そうとしたところで、追いつけるはずがありません。表現しきれるはずがないのです。

しかし、それでも成田師範は〝メモ〟を残しました。それは、時を経てそれを見返した自分自身が、今では届かない気付きを得る可能性を、信じていたからだと思います。たとえ一面的、表層的に見える言葉でも、そこに秘められている力を、信じていたのだと思うのです。

そして、編集部ではもう一つ信じているものがあります。

会った事もない人の教え、言葉から重大な気付きを得る事は、あるのです。それが〝本〟の力です。

平成二十七年二月

編集部

第一章

相手と同時に動く

〝対抗力〟が不要になる世界

合気道は外見上、必ず相手に打ってこられたり、掴まれたりというところから始まります。「先手必勝」とばかりに自ら攻めて行き、勝ちを得ようとすることはしません。

合気道の技を言葉で説明しようとするならば、「相手が右手を掴んできたところを、～こう崩し返して、～こう投げる」といったことになります。ここはある種のナンセンスがつきまといます。相手にもよる話ですが、もの凄く力のある相手だと仮定したならば「右手を掴まれている」、この状態はすでに制圧され、精一杯力んで抗おうとしたところで身動きできなくなってしまっている状態ではありませんか？

実は合気道の技は、〝相手にされてしまってから反撃する〟のではありません。それでは遅いのです。掴まれる、打たれる、その相手の初期行動と同時に動いている、それが〝合気〟の本質です。それでなければ、技はかかりません。

ここが〝合気〟の最初にして最大の難関だと言えるかもしれません。申し合わせてもいない敵と、同時に動く、など、どんなに急いでもできません。肉体的スピードをもってこれを為そうとしても、限界があります。相手の動きが起こってからの後追いでは駄目。相手の動きを「察知」しなければならないのです。

思えばここに、〝合気〟の極意の多くが含みもたれている気がします。平井先生は「見ては駄目。写すのだ」、と説きました。見ることは作為なのです。〝合気〟とは、作為の技術ではなかったのです。

〝合気〟の技は、奇跡のようにも見えます。わからない方には「やらせ」のようにも見えるかもしれません。しかし、その目に見えない次元にこそ〝合気〟の本質があるのです。

相手と同時に動かなければならない、と記しました。相手に掴まれてしまった後、打ち込まれてしまった後では遅いのだと。しかし、見た目には掴まれてしまっている状態にもかかわらず、実は相手をとってしまっている、そんな状態も〝合気〟には存在します。これもやはり同様です。これとて相手に好きなように掴ませてしまっている訳ではない。見えない部分が相手と同時に発動しているのです。これだから難しい。実際に技をかけられてみないと分からない感覚、かもしれません。

目に見えない次元のことを言葉にするのは大変です。どんなに言葉を駆使してもそのすべてを言い表しきることはできず、断片的な形容にすぎません。平井先生が技を言葉にすることを嫌った真意はそんなところにあるかもしれません。それでも平井先生は、さまざまな言葉でこれを伝えようとして下さいました。

本章ではそんな言葉の数々をご紹介します。

❶ 間髪をいれず

間髪をいれずとはどこで作り出されるのか。これは写す目によるのである。見る場合は判断があり、見て判断して察することになり、写して同時に反応するよりも数段遅いものである。

武道というものはかかるほんの僅かな（差）ものを洗練して磨き上げて、それを集積して神秘的なものとして完成させているものが多いのである。

（S56・8・18）

❷ 起こりで決まる技

起こりで決まる技を後世に伝えたい。電光石火一瞬で決まる技である。

当世では武術の審査をする目を持った者がいない、本質を知らぬ者には分からないのであろう。

現代の柔道は最早武道ではない。剣道と共にスポーツ化してしまっている。柔道など身体ばかりやたらに大きいが、身体に応じた稽古が必要なのである。

武術的な勝ちとは立ち合い一瞬で決まっているものだがそこで旗を挙げる審判もいないし、本人も負けていることに気がつかないでいる。起こりで負けていてもそのような時点で旗を挙げたのでは、何を言うのか、未だ終わっていないぞ、ということになるだろう。

生死の境を経験したことのない者には分かるはずがない。基本に立ち戻って正しいものを残したい。

（S63・3・6）

相手が攻撃を起こそうとする瞬間、すでにとってしまう。それが合気道の技なのだ。これはあらゆる武道に共通する。達人の技ほど電光石火、一瞬のうちに決めてしまうものだ。なお、「起こりをとろう」とするとそれは“作為”となり、結果として起こりをとる事はできない。

❸起こりをとるということ（形は後の姿）（合気）

型の稽古の場合、外からでは（第三者）分からない仕手の感覚内の問題である。これは受けの人にも感ぜられるはずである。そして指導する場合に大切なことなのである。

起こり（後の先、先々の先等と言う問題）をとる。

持ち技の場合には持たれるのではなく、持たせるということ。即ち先となっている。いわゆる起こりをとることによって第一の先が次々と先、先となって相手の変化が自由に取れる。即ち相手の変化に自由に対応でき（応変の技）、それもいつも先、先となって行けるのである。起こりをとることによって第二、第三の技が自然に無理なく行い得ることの重要さ、換言すれば腰回しによって相手の出る気を我がものとするということ（起こりをとるということ）がその後に形として表現されるものの本質であり、最重要なことであるということを正しく認識しなくてはならないということである。

陰によって（見えないもの、武道としては球転の理）陽

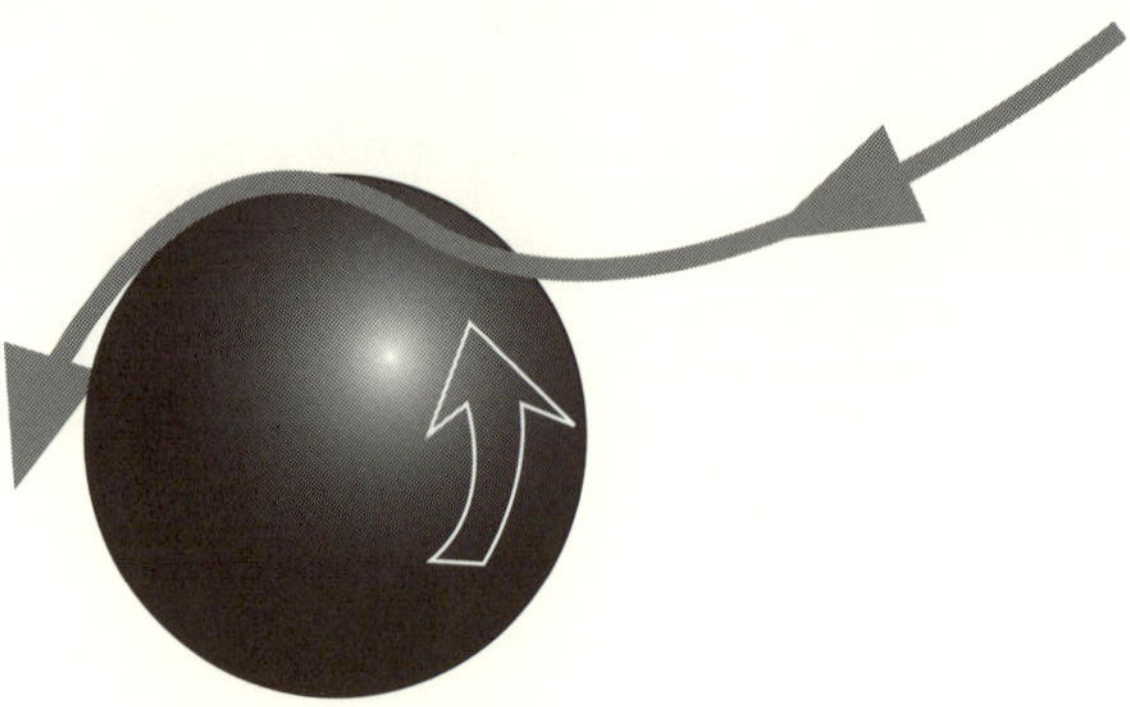

「腰の回り」とは、相手が狙ってくるこちらの〝芯〟が、それと対立せず、円和するように合気して流転する働きを意味する。

相手に持たれてしまってから、その対応に苦慮するようでは遅い。“持たれる”ようでいてその実“持たせる”でなければ先はとれず、到底“技”ともならない。

（見えるもの）が表現されるということである。無形のものの意、心、想い、それによる腰の球転が本質なのである。

起こりをとられるということは、例えば受けが両手で取りの右手を取っていったとすると、取った瞬間において既に先をとられて敗れているということである。（例えば腰回しが一回り早いとも言える。）

（例）　相手が両手でわが片手を取ってきたとき、両手が手首にかかって握り終わるまで、即ち握るということに心が執着して我がものとせんとする間の一瞬（その意が発するとき）に我が腰回し（意による）によって、少し出るような呼吸で腰を回し（手首で回そうとしては相手に抑えられてしまう。手首はそのまま持たれるに任せて気にしないで腰を回せば自然と回わすことができる）てやれば、相手は両手を握ったのではなく、握らされた、即

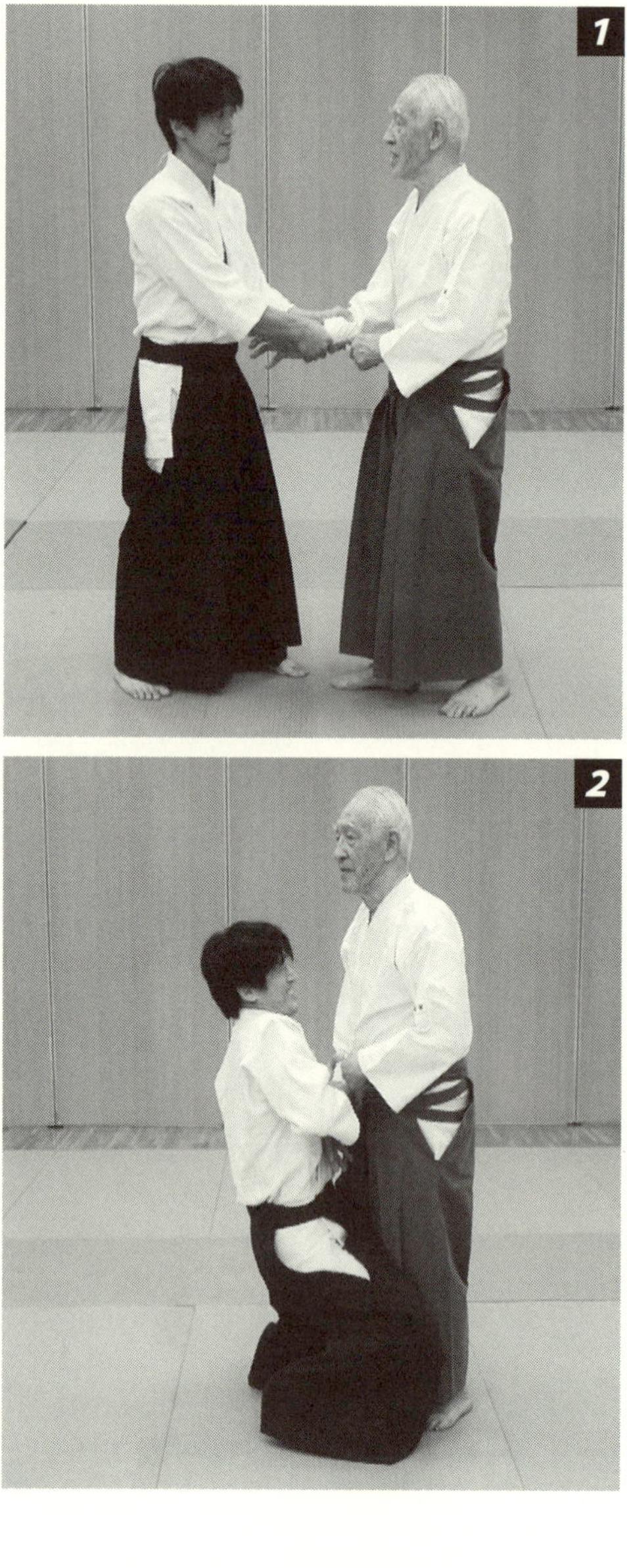

手を取られたら、その手をどうこうしようとするのは難しいが、〝腰回し〟ならばかなう。持たれた手は持たれるに任せて腰を回せば、その瞬間、相手は虚となる。

ち先を取られた状態となり、その瞬間相手は虚となり、ゼロとなる。浮くわけである。この虚体を腰回しによる身体全体の動きで対処すれば、抵抗なく相手を自由にすることができる。

（例）相手の出鼻にこちらが引くとつられて出てくる。この出てくる所へ入り込んで打つ。起こりをとることになる。無論腰回りによる行動でなければならない。しかしこちらに意識（やろう、やろうと

相手の出鼻にこちらが引けば、つられて出てくる。そこを打つ。〝引く〟とは後退することではなく、〝腰回り〟によって巻き込む事。〝腰回り〟によって、起こりをとる技となる。

する）があると、素直に出られてしまうと、後手となって敗れとなる。（S47・2・1）

❹ 手取り

起こりをとる。即ちその時点でもう済んでしまっているということ。そしてそれに続いて次々と先となること。

取られた手が一番抵抗のないコースを通るように手を動かす（相手との一体化による誘導）。

途中のいかなる状態においても自らが絶対安定状態であること。

武道とは相手を故意に崩れさせて敗るのではなくて、自らが絶対安定状態になる修練なのである。結果として相手が崩れ敗れるのである。自己完成への道である。

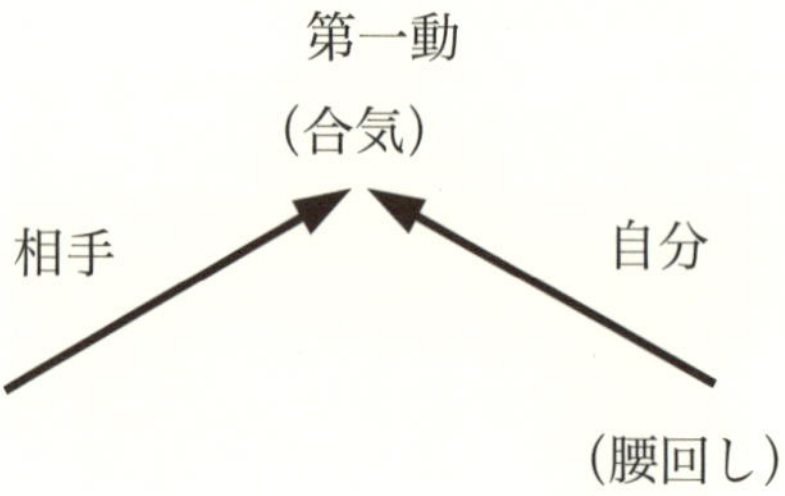

❺ 出会いの合気　（起こりをとること）

互いに打ち合いに出た時に気を合わせること。

すなわち腰回し（意による）による合気によって既に相手の第一動はこちらでとってしまっている。相手との一致、我がものとすること。自らの捌きの中に吸収してしまう。即ち先をとり、次からの行動はすべてが先先と自らは絶対安定の体勢で、自らには良く、相手には悪い間合い（相手は崩れの連続）をとって行動する。自在の動きを可能にする。間の重要さを十分に認識すること。


（S47・2）

❻ 自分の世界　勘の世界

自分だけの境地で発動する、捌く。

武術においては必然的に頻出する〝打ち合い〟の場面。普通なら、十中八九、ぶつかり合いになるが（写真右列）、それでは合気とはならない。気を合わせ、腰回しによって自らの捌きの中に吸収してしまう（同左列）。

いかなる動きも円転から発する腰の動きとなるように常に念じて稽古して、信念として習性となり自然にそうなってしまうまで精進しなくてはならない。これは勘によるものでなくてはならず、見て判断して起こした行動であってはならないのである。相手の所作を見て判断するのでは技術の世界を出ることはできない。

相手の気発に応じて自分だけの境地で、真理、即ち球転する腰回しによって発動するのである。ある動作を口で説明したり、文章にして書くと、それはすべて所作としてでしか表現はできない。所作だけを体得しても、これは作為であるから真のものは体得表現できない。

（S48・1・10）

❼想いと行動

想いとその想いが瞬間的に無意識に発する場合における身体〔技〕の表現との関係が武道の最重要課題である。

（S61・10・30）

❽勝負は気の合わせで決する

気の合わせで一刀で勝負をつける。

刀で斬り合う場合、一合二合というのは芝居の場合は刀と刀を打ち合わせるが、実は気を合わせて中に入り、一度で勝負をつけるということなのである。刃と刃を合わせれば刃こぼれがする。刃こぼれは人間の歯のような形に欠け、鋸のように刃はこぼれない。このように刃がこぼれると、もう刀は使いものにはならない。

刃と刃を合わせることなく、気を合わせて一刀で勝負を決めるのである。

それには合気の回り打ち（腰回りの打ち）以外に方法なし。

（S59・9・11）

剣も体術と同じ。〝ぶつかり合い〟では駄目なのだ。気を合わせ、刃を合わせる事なく「回り打ち」で相手を巻き込むように一刀のもとに勝負を決める。「回り打ち」とは、〝回して打つ〟のではなく、腰が回った結果として打ちになるという事。

❾ 機

機は求めても万に一つも得られるものではない。ここぞと思う時は既に遅いのである。チャンスというものはいつも変化していて一定の位置に停止してはいない。機を狙うと技に走ることになってしまう。

（S58・10・4）

❿ 相手との一致

円転する腰捌きによって相手に対応すれば、どこかで相手と一致するところ、肌で感じられるところがあり、相手の動きが自然に延長されて行き、その時の捌きのなかで最も適切な技が出てくる。

（S58・10・4）

⓫ 鬼迫

激しさのみを求めると円が乱れて必ず行き詰まり、即ち角ばったものを生ずる。

（S58・10・4）

⓬ 流れと一体

腰回しによって相手の流れと一体になることが必要である。この気発の円和がないと、腰回りは現れ

相手は打ってくるのか？　右へ出てくるのか、それとも左か？　相手を見ようとすればその行動主体は必ず自分自身にあり、すなわち“作為”となる。「見る」ではなく「写す」。これが合気道の極意。宮本武蔵はこれを「観の目」と呼び尊んだ。

ず、すべて自意識による技となってしまう。（S50・2・18）

⑬目（眼）まなこ

写すのであって見るのではない。見れば分別が生じ、分別が生ずれば作為となる。技術となってしまう。（S53・5・2）

⑭写す目の稽古

新幹線の車窓から外の移り変わる光景を写す。上下動の激しいような自動車の進行方向を写す。次第に動揺感がなくなって来る。（H2・3・4）

⑮間切り

特に入り身（半身を強くする）となることなく堂々と正面から相手の呼吸を飲み込んで入っ

相手とぶつからない〝腰回り〟。かといってこれは避けたり物理的な間隙をつこうという方法論ではなく、正面から堂々と入っていく技すら成立する。相手と同時に動くことによって、打とうとしてきた呼吸を飲み込み、入って打つ。すでに打ち動作に入ってしまっている相手は途中で変化できず、崩れるしかない。

て打つ。入り身の真とは大分異なる。

相手の打たんとする呼吸を飲み込むということは、相手の一旦決定した動作は途中では変化できないという意味を含み、腰回しで飲み込んでスーと入って打つのである。

（S53・6・14）

「第一章　相手と同時に動く」総括

平井先生の講義より

「写す目『霊眼』」（昭和56年8月11日）

目は見るものではなく写すものなりと初心者にも説明して、理解というのではなく飲み込ませてしまうことである。

見ると、見る↓考える（判断する）↓行動を起こす、という順序を立てることになる。そうなると人間の勘を損なうことになる。写せば考える余地を否定する。そういうことを自分なりに体得理解して指導することが必要である。

日常生活において、見るということは生きるための利害損失を考えて自分に都合のよいように思考力を発揮することになる。こういう状態は日常生活の平常の判断の場合には通用するけれども、死と生を瞬間において決定する武道においては通用しないのである。死生を分かつ瞬間の出来事（行動）の場合には、判断をつけた方が敗れるのである。これは実際の問題として、確実な事実なのである。瞬間に死生を賭した時には、思って（判断）おこした者は敗れると宮本武蔵も言っている。判断の時に敗れてしまうのである。事にのぞんだ時には、目はただ開かれて写しているだけなのである。利害得失（死生）などという判断はないのである。人間最高の境地である。

『見る目』……分別をするから所作となる。技術となる。

『写す目』……全身全霊から自然にバーと(なんだかわからないが)出てしまうものとなる。瞬間にバーと行ってしまうもので何ものもない。弟子であろうと何であろうとその瞬間に容赦なし。

獅子が兎をとる時も、相手が弱者だからといってとるのではない。その瞬間においては全身全霊をあげてバッと行くのである。すなわち、写して行動している訳である。見て判断して行なう時には全身全霊のものは出てこない。

写した目（気狂目）は相手には当方のことが（思意が）判断がつかず対処の方法がつかぬというものが生まれる。（見て考えて判断しようとするから。）そして薄気味悪いものに感ぜられる。勝ちはすでに我にありである。武道においてはこれが霊力となり、最高度に力を発揮する。写すということから生まれてくる霊力である。写す目は霊力を放射するのである。

このようなことを知った上で平素稽古としては見てやることも段階によっては指導上必要なものなのである。

第二章

合理的身体操法の研究

手捌き、足捌き、体捌きの妙

武術では大概、入門するとまずは姿勢、手捌き、足捌き、といった身の処し方を習うものだと思います。合気道でももちろん、そういった所から教わり始めるのですが、この時点でまず、〝小さな革命〟のごとき驚き、気付きがあるのが、合気道の特徴でもあります。

それはまず、合気道が〝剣術〟を基に成り立っている武術である、という所に因の一つがあります。剣術というものは、現代剣道ともまた違っています。それは、真剣を使うゆえに、ぶつからせる、対抗する、という発想がないのです。

映画やテレビで見られるようなチャン、チャン、バラ、バラ、といった戦いを想像する方もいらっしゃるかもしれませんが、実際にあんな風にやって刀が折れたりすれば、即命取りです。刀は、正しく刃筋を通して使えばこの上なく強い武器ですが、側面や峰側から大きな力を受ければ、簡単に折れたり曲がったりしてしまいます。相手の渾身の斬撃は、自らの刀をぶつけて避けられるものではない、とするのが、剣術の前提です。

ぶつからせない、対抗しない、ですので、当然そこを力によって突破しようという発想もありません。誰よりも太くて折れない強い刀を作って、誰よりも強い力をもって勝ちを得よう、という方針をとった剣術流派はただの一つもないのです。

これはそのまま合気道にも引き継がれ、だからこそ「対抗しない」「力ずくで勝とうとしない」武道として完成しました。しかし、自分よりも強い力を持つ相手に一体どうやって勝つのでしょう。

古(いにしえ)からの武術よりむしろ現代スポーツや格闘技的感覚に慣れ親しんでいる現代人には想像し難いかもしれません。それは極めて精緻な身遣いです。そんな身遣いだからこそ、ささいなことが自分にとっての驚き、気付きとなるのです。

武術とは「体の動かし方を学ぶこと」と考える向きも、現代人には多いかもしれません。

しかし、基本的な身遣いから学び始め、どんどん複雑な身体操作要領を覚えていっても、それがそのまま〝技〟になる訳ではありません。身遣いを学ぶことは、あくまでも〝技〟の前提を身に付けて行くプロセスなのです。そしてこの〝プロセス〟は、決して避けて通ることのできないものでもあります。

合気道で学んで行く身体操作は、一見さほど複雑でも、難しげでもありません。しかしそれはあくまで外見上の〝形〟の上でのこと。その内面で何が起こっているのか、その違いによって結果はまるで違ってくる、そういう種類の精緻さが求められるから難しいのです。

先生が手本を示す、それを見て真似をする、けれども、本当の意味では同じことができていない、そこに気付けたらそこを修正する、その繰り返しです。

先生も習う側の修得段階に応じていろいろ違った言葉で説明して下さいます。習う側も、先生に与えられた言葉、それがまったく同じ言葉でもその時その時によって違った気付きを得ることがあります。

本章でも、さまざまな言葉をご紹介します。同じ事象をまったく違った言葉で表現している、といったものもあります。

ご一読いただければ、それぞれの方にそれぞれ違った、ピンとくる箇所があるのではないかと思います。そしてすべてお読みいただければ、それが単なる「体の動かし方」で済む話でないことに、お気づきいただけるのではないかと思うのです。

❶指捌き、手捌き、体捌き

○指捌き

左右の手の拇指と人指とをもって円を形どり、次にこれを裏返して拇指と人指を接し、次々と人指↓薬指↓小指とこれを行うことを繰り返す。これは表裏一体、流転、停まらない連続という認識で行うこと。

○手捌き①

左右の手を拇指と人指の叉で交叉させて、これを左右の回りで接触したままで回転させる。

種々変化あり。（杖の素振りに活きる）

○手捌き（手首捌き）②

左右の手で他の手首をそれぞれ裏側から握る。そしてこれを手首の軸（骨を軸とする）の回りに回転させて握り返す。種々変化あり。途中で真の指の開きを体得すること。

これは相手の手首を取る時の動作ともなり、また相手の腕をいなす時の動作

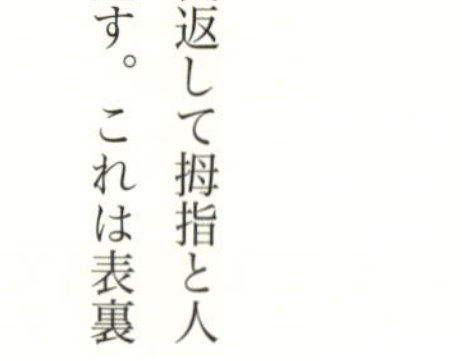
指捌き

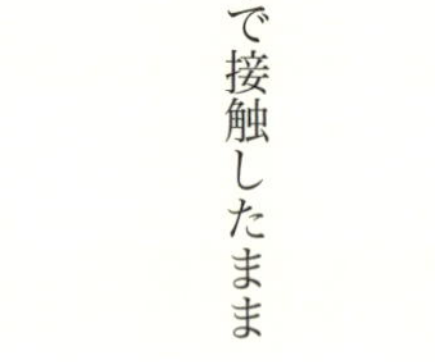
手捌き①

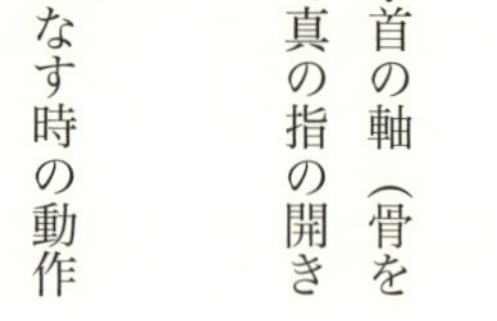

手捌き（手首捌き）②
（自筆イラストより）

ともなる。その他、一方の手の甲を他方の手のひらで包むようにして、これを回転させながら左右交互に繰り返すような捌き。合掌した手をすりつつ正面から半身となる動作。これらが体捌きの時に同時に手の姿となって行われているという認識をもって稽古しなくてはならない。

合掌した手をすりつつ、正面から半身となる動作。ただ体の向きを変えるだけでなく、それに伴って左右、前後と、腰の回転と連動するように手にあらわれる回転によって、身体全体が常にバランスが保たれた状態を維持する。

指の先までがすべて腰と連動して調和して動くよう稽古をすること。（S62・9・14）

❷ 指先にも技あり

指の先にも技がある。腰の動きと一致すること。

指回しの動作、手首の動きの動作を平素から心掛けよ。手刀として動いた時に、武道的に一番必要なものとなる。拳のような激突的な強さではない。拳の力の方が一見強そうに思えるが指の骨が折れてしまうから、それではどうしようもないことになる。武術的な強さを相手に与えることが必要である。（S63・3・6）

❸ 柔らかい部分で打つこと

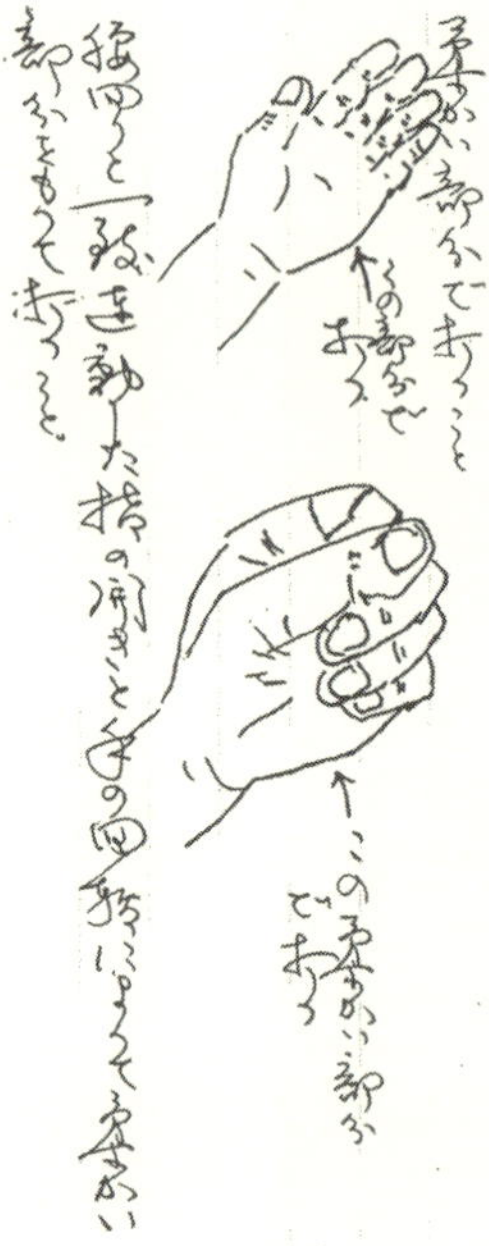

柔らかい部分で打つこと（自筆イラストより）

腰回りと一致連動した指の開きと手の回転によって柔らかい部分をもって打つこと。

固い部分を使用すると、痛めると手刀が使えなくなる。（S60・8・20）

❹拳

仕合をする時拳で対応するべからず。

拳は四、五回で傷んでしまって使えなくなる。手刀にて対応すべし。

（S62・11・3）

捕まれた時、その手首が内に曲がっていると、それだけで気がなえる。結果として崩れに繋がる。

❺手首内曲

手首を内側へ曲げてはならない。内側へ曲げられた手はちょうど小手返しを受けたと同じことである。

手首を内側へ曲げるということは、自らの執着、崩れに通じることである。

（S49・6・5）

❻構えの中に勝ちを蔵す　陰をもって陽を制する

陰をもって陽を制する。（陽をもって

陰を制している）ここに勝機あり。

構えの中に勝ちを蔵する。その腰回りを内蔵しつつ外に秘する。

合気の構え、剣ならば半身の合気正眼の構えにおいて既に三寸とっている。即ち勝ちを内蔵している。

体術においても前後の掌を上に返して、後ろの手を前の手の肘の部分に位置させるという構えから、そのまま半身で前進しつつ腰回りによって前後の手をそのまま上方に上げれば自分の後ろの手で（陰）相

後ろの手を前の手の肘の部分に位置させるという構え（合気正眼）から、そのまま半身で前進しつつ、腰回りによって前後の手をそのまま上方に上げれば、自分の後ろ手（陰）で相手の前の手（陽）を、前の手（陽）で相手の後ろの手（陰）を制する形となる。この自然の働きは、構えの中に勝ち（主導権）が内蔵されていることを意味している。

手の前の手（陽）を内側から攻撃（制し）し、前の手は（陽）同時に相手の後ろの手（陰）をも制し得る。即ち合気の構えであるが故に、後ろ手が（陰）相手の前の手（陽）を内側から制しえる。換言すれば、こちらの陰が相手の中心を攻撃し得る自然の働きを構えの中に蔵している。即ち構えの中に勝ち（主導権）を内蔵している訳である。

相手はこちらの陽が攻撃して来ると思い、陽には陽であたって来るところを、当方の陰が陽に変じて、陽もまた相手の陰を制して。即ち相手は陰陽二刀と解していたものが、実は陰は陽に、陽は陰に転じ、また両方ともが陽として働く。その腰回しを内蔵して外に秘す。二刀を一刀に帰してしまうことになる。

構えた時点で主導権はこちらにあってその後は相手の出方によって体捌きの磯返しのように、あるい

波の打ち返すごとく、円弧状の動作を伴う「磯返し」。陰陽変転自在の体捌きは途中で止まらない優れた連続性を示し、対多敵をも視野に入れた即時対応性を秘めている。

は陰は陽に、陽は陰にと変転自在、磯の打ち返す波のごとくであって、またあるいは大波の大渦潮のごとく大きく巻き込み、といった変化が行われる。無論すべて体捌きの腰回しからの動きに裏打ちされる。

掌を上に返し半身になって（剣先を三寸逸らせている構え）陰の手を陽の手（前）の肘関節部に位置させた構えは、その中に陰が陽に転ずる腰回しが内蔵されている。戦わざる前に勝ちを内蔵している。主導権を手中に収めているという恐ろしい構えである。これを宮本武蔵の「二刀を一刀に帰す」「一刀にしかず」の合気流の解釈である。陽には陽で対するという思い込み、二刀を持てば二刀で来るだろうという錯覚、大刀が主体だろうという先入観など、素手を二刀と解釈すれば、陰は陽を陽は陰を内蔵し変転することを認識していなければならない。

（S54・5・22）

❼円乱取り、乱取り

円乱取りは緩やかな切れ目のない乱取りとは言うものの、その中において互いに接近し気が発し合うときは、自らは万全の体勢をとっていることが必要であって、外見上では緩やかな切れ目のない動きも、細部をよく観察すると始め↓終わり、始め↓終わりというように一つ一つの一連の動作が一つ一つ完全であって、どの一つを取ってみてもいい加減なものがないことが大切である。

できるだけ緩やかな円乱取りが実行が難しいのは体勢の立て直しがなく、乱れた体勢のまま次の動作に移っていって、なんらかの技を施そうとするからである。

互いにスーと進み合う時には万全の体勢であるべきであることを忘れぬことが肝要である。

次々と掛かっていっては投げ、を繰り返す中で求めるのは、止まらない円い動き。この乱取り稽古を平井師は「円乱取り」と称した。

ある技を施した後、自分の体勢を十分に整えていること。この整った体勢へ相手がかかってきて相手が自ら敗れるということである。バタバタと体勢を整えずに崩れた体勢で次の行動を起こすことのないように稽古しなくてはならない。（S49・5・21）

❽体捌きのままの乱取り

乱取り稽古の際に、相手の存在を意識しないで自然に体捌きができるような心掛けが大切である。そのためには目は開かれているだけで、写ったものに対応するのに真の体捌きをもってしなければならない。（S53・10・4）

❾適切な間によって自在を得る

互いに体捌きの後、互いに触れ合う時、完全なる安定体勢であることが大切である。それからは腰の回りによる体の開きによって、常に適切な間をとることが必要である。これは自分も相手もそこから千変万化の技が表現されるために大切なことなのである。また適切な間をとるということは、体術から剣への移行などという意味も含んでいる。

例えば触れ合った相手の腕を誘導する場合、自分の体勢は万全でしかも、身体の捌き（開き）によって自分の都合のよい間をとって相手を不完全な状態とすることによって、自在な身体の変化が可能になる。相手もまた体勢のいかんによっては適切な間が取られることによって変化（捌き）が自然にでることになる。

流れるような動きの中にも決まるべき処はピッシと決めなくてはならない。

崩すとは自分の体勢は万全で相手が不完全という状態である。

（S52・9・21）

⑩ 間をとること、自在な動き

いついかなる場合においても自らは姿勢を正して不動、不可侵体勢にいること。

全身の力を抜き、どこにも力み、力の滞ることなく、臍下に気を沈める。ただし強固な芯をもっていなくてはならない。常に腰で捌く、これは正しい間がとれていなくてはできない。無理に敵を倒さん、打たんとして心身を崩してはならない。そしてそうしていれば、相手はそれによって崩れる。

このように適切な間をとることが、体術、剣術、杖術等が相互に自由自在に変転し得るための基である。

剣術↓体術（↓持ち技、手取り、袖、襟取り等、又極め。等）

↓剣術↓体術等々と変化

→　→

離れると　身体が触れ合うと

相互間に自在に変化できるためには正しい適切な間が必要なのである。

（S47・2）

⓫ 間について　重心の位置の差（約半歩分間を盗む）

①普通の足幅

②後ろ足を引きつけた時　（相手は①、②共に同じ間合いと誤認している）

①と②とで同時に一歩前進した場合②は①の一歩半分に相当する。つまり後ろ足を前足へ引きつけた

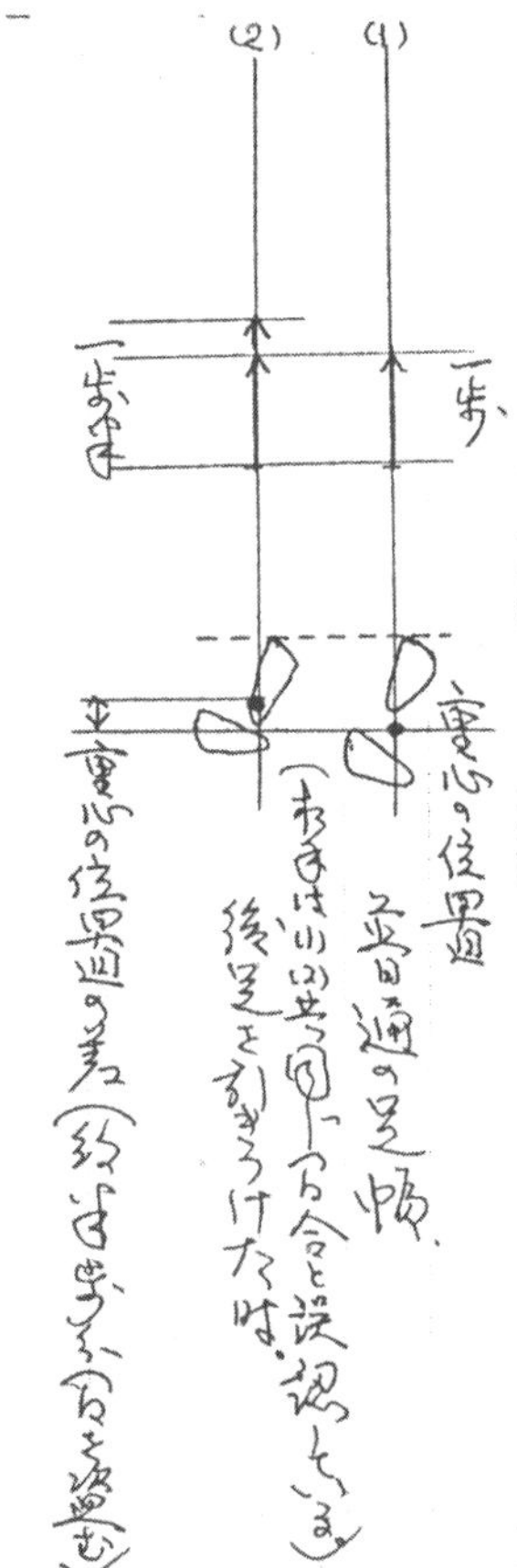

間について
（自筆メモより）

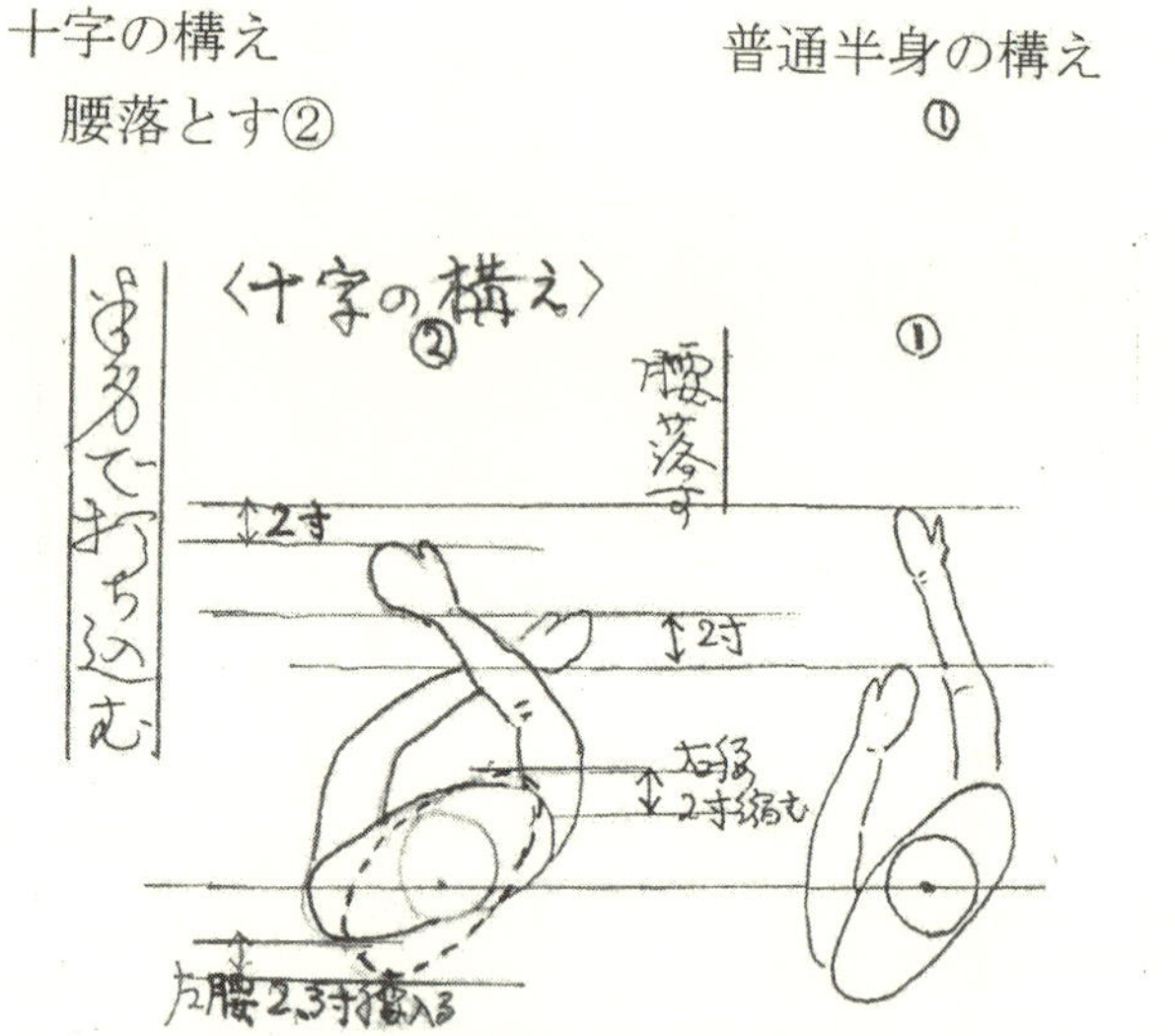

十字の構えと間合い（自筆メモより）

ことによって半歩分の間を詰めえていることになる。前後、左右、上下等種々の変化あり。

（S58・4・21）

⓬ 間合いをとること

阿・・・陽　　　吽・・・陰

円乱取りに置いては、必ず一、二合のもつれの後、間合いをとって、陽から発し陰に化することが大切である。体捌きは常に陽であり、内が陰であって外の動きはすべて陽である。

⓭ 十字の構え、間を盗む、先手

左手を伸ばし右手の下で交叉する。左腰二寸入る。右腰二寸縮む。腰落とす。

右手は二寸縮んで三寸下がることになる。

左右の掌を上向きにして構える。

①合気正眼（普通半身の構え）

②十字の構え

エネルギー…左右上下エネルギー蓄積される。

間　盗む…自らは近く相手からは遠い。

半身で打ち込む

〈面打ちの構え〉

十字の構えとは面打ちの構えを言う。構備の構え。

相手が面を打ってきたとき、両腕の内回りの回転と共に下から同時に相手の面を半身で打つ。左右の手は最初左掌を右回り、右手は左回りに回転しつつ指が開かれて打ち込まれる。（両手とも内回りにすることが大切である）

②の構えは①と同じ間合（自分からは）で相手からは遠い間合いとなる感じ。左右と上下にエネルギーを蓄えた構えなのである。

自らは近く相手からは遠い間合いであり攻撃のエネルギーを蓄えた構備の構えとなって

①合気正眼からの打ち

②十字の構えからの打ち

構えによって、相手が感じる間合い、打ちの方向が微妙に違ってくる。

いる。下がった腰で三寸、縮んだ右手の二寸、合計五寸が一挙に伸びて、相手の面打ち、同時に二寸前に出ている左手が相手の面打ちの手、即ち相手の右手を受けていることになる。

合気正眼の場合腰の戻しで相手の手（剣）を相手の左側から斬り込むのに対して、この場合は右手は相手の手（剣）を相手の右側から回転しながら斬り込むことになる。

この十字は三角形の変形である。半身に構えていたのが、いきなり上図のような三角形になったら相手が用心してしまう。またこの十字の構えをする場合でも、いきなり明らかな変化でこの構えとなったのでは相手に感づかれるから、自然にそういう構えになることが必要である。この三角形で相手の中心に割り込むことになるのである。

大切なことは間を盗むことによって、ここで相手に対して先手を取ったことになる。この先手を最後まで活かすことである。その後はこの先手で相手の動きに応じて変化して行くことである。その余裕をもっていることである。先手を取ったから、その余裕がでてくるのである。

（S45・3・11）

⓮ 構えは受けである

剣道式ではまず構えて、そこから出発する。ということは受けに立っていることになる。

剣は抜いた時から斬る、すなわち攻撃であってそのような滞りがあってはならない。（H2・3・4）

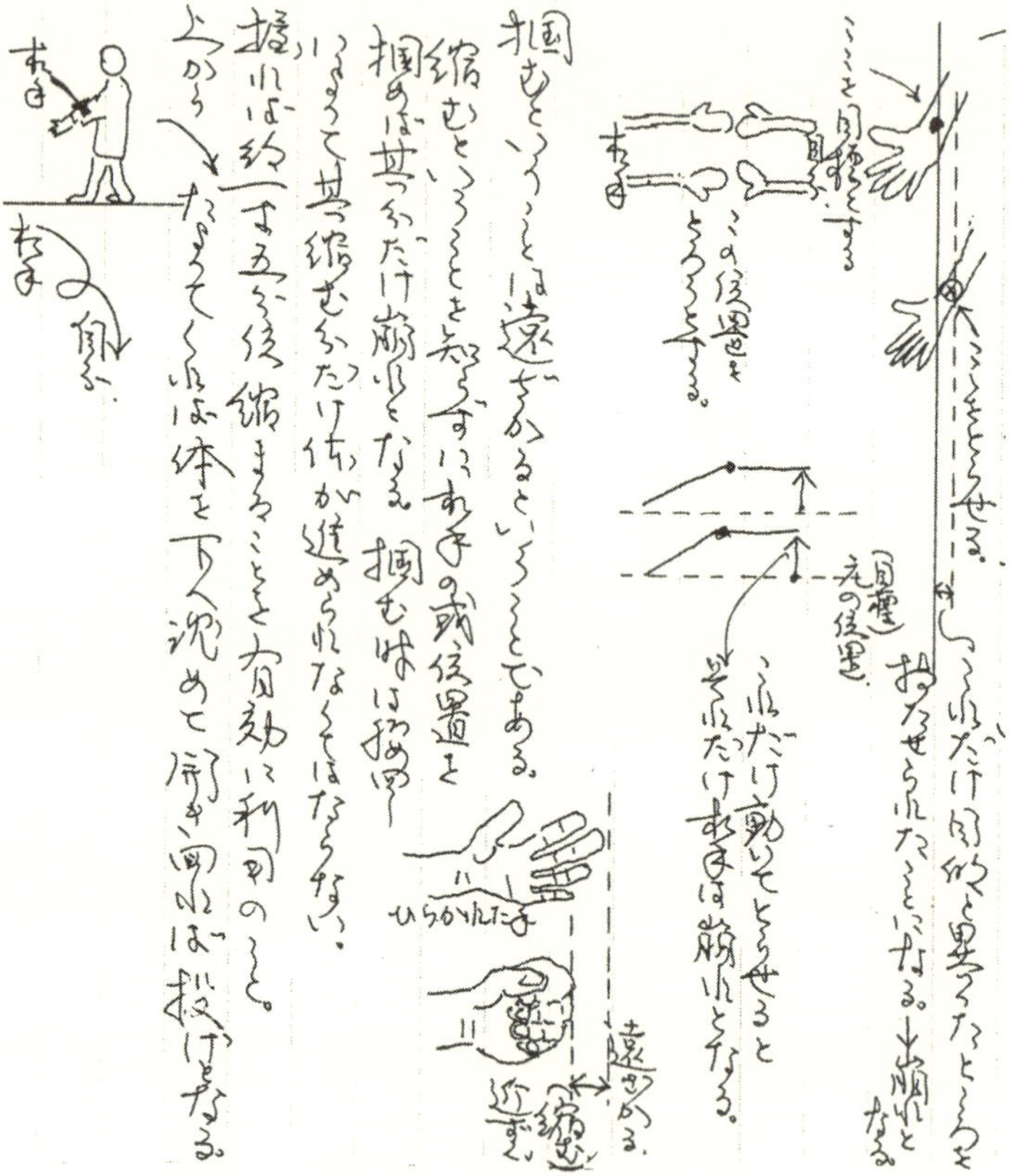

手技のこと（自筆メモより）

⓯ 手技のこと

想わざる所を持たせる↓崩れとなる　（相手）

相手はこちらのある場所を目標にして持ちに来る。その時予想とは異なった思わざる所を持たせること。目標と異なったところを取ったことになり、その差だけが崩れとなる。そしてそれを誘導して大きく崩すべく捌けばよい。

掴むということは遠ざかるということである。縮むということを知らずに相手のある位置を掴めば、その分だけ崩れとなる。掴むときは腰回しによってその縮む分だけ体が進められなくてはならない。

握れば約一寸五分位縮まることを有効に利用のこと。

上から頼ってくれば身体を下へ沈めて開き回れば投げとなる。

（S44・3・12）

⓰ 自分独自に動くこと

体術における持ち技、袖、襟取り等の場合

持たせる…自らは常に良い体勢、先々の先、自分独自に動ける。

　相手は自分が思っていたように持てたと思っている。

持たれる…自分は相手に思うようにされてしまう。

武道としては相手に袖、襟などを持たれる時、掴みに来た時、それにつられて自分も相手のどこかを持つ（掴む）ということは、自然の動きのようであるが、実は非常識な行為なのである。相手と自分は違うのであって、持たれてもこれを持たせて捌く、即ち自分は自分独自に動くことが必要である。

（S48・1・23）

⓱相手を持つということ

相手を手で掴むということは腰の固着を誘い、自分が動けなくなる。

掴むということは我がものにせんとする意志の表現であり、自然に腰を固定して自分の方へ引き寄せんとする本能的作用がある。相手が万全の体勢にあるものを自らが掴むということは、かかる意味から言って下策中の下策と言う他ないことになる。相手が崩れてしまった状態において掴むことが必要である。これが最も安全な方法であり、弱点をカバーできる唯一の方法である。

（S46・3・3）

⓲第二の手　虚（浮き）

どこかを取ろうとして出てくる第二の手がある時には必ず身体は浮いてくる。この一瞬の虚（浮き）を大きく拡大して投げとする。

例えば最初右手でこちらの右手を取ろうとして出てくる。この時も執着が強ければ浮き崩れるが、第一の手はまだ安定しているが（場合が多い）、その時それをはずされると、次に反対（他の）左手でどこかを取ろうとして出てくる。その時が浮き（虚、浮きの崩れ）の状態となりやすい。第三、第四となるに従って次第に崩れが大きくなる。この一瞬を利用して大きく崩れを拡大するのに、それを腰回しによってすれば投げることができる。

第二の手というものは必ずしも他の手と限定しなくても良い。同じ手でも第二の手となることあり。起こりを取られてからの行動はすべて第二、第三……の手と解釈して良い。自らの行動によって自らが崩れる。崩れた身体をしたまま行動にでる、それはすべて第二の手となり、虚体である。

（S47・2・2）

⑲武術の広義解釈　剣術と体術との接触点（体術的先取り）

相対するとき

合気　↓　剣術　↓　体術　↓　剣術

心術

手の触れ合うまで　触れて　離れて

剣術と体術との接触点

（接触点における体術的先取り）

打たせる　　打たせられる

持たせる　相手から見れば　持たせられる

かからせる　　かからせられる

剣↓体↓剣↓体↓体↓……

自由に移り変わって行くという認識が必要である。

自在に変化する。

武術の広義解釈

例えば突き技というものは体術としては当て身という解釈、また剣術としては突きという解釈と二通りにできる。そしてこれは当人の認識の相違によるものなのである。

合気道において相手と相対して接近する場合、剣術、体術、剣術……等というように、離れては剣術触れ合って体術、また離れて剣術と双方ともその変化が自由自在でありたい。自分の認識を常にこのように持っていることが必要である。

触れ合ってからあとのみを重要視することは剣術（心術も含めて）をも合わせて考えれば、もう勝負がついてしまってから後にもみ合うことばかりを重要視していることになる。これは武道の狭義解釈で柔道、空手、昔の柔（やわら）等の欠点である。武術の広義解釈が大切である。

例…右半身から受けが右半身で突く（剣の解釈、体術の当て身の解釈など）

（剣）仕手は足は退かずその場で右に腰を回し、左手で突いてきた手を打つ。（右手は大きく右へ流す）←　剣術の意識

（体）磯返しの要領で右手で突きの手を打ち押さえながら腰を落とし、左足を受けの右後方へ踏み込んで掌を上向きに返して左へ回転しながら後ろ向きに倒す。

←

（剣）（触れ合った時は体術　最後は剣術）

相手の突き込みを受ける。体術だからとそこからのもみ合いに勤しめば武道を狭義的に解釈してしまっていることになる。剣術〜体術、自由自在に広義的に解釈すべし。接点で腰回しによる剣の重みのみで相手に力を与えれば、瞬時に崩しをかけることができる。

体術的先取り　（剣術 ―― この接触点における体術的先取り ―→ 体術）

接触点をそのままにして腰回しによってふわりと腰を落として、接点で剣の重みのみで相手に無限大の力を与えてほんの少しの緊張を与える。即ち崩れを与える。相手は崩れて身体を一度戻さなくては次の動作に移れない状態になり、自らは万全の体勢である。腰回しによる相手との一体化による。

相手に与える無限大の力とは…虚体に対してはほんのわずかで良い。とは…

3に対して3・2でも（＞3）
10に対して10・5でも（＞10）　すべて虚体に対しては
100に対して100・5でも（＞100）　無限大の力となって働く

相手よりもほんのわずかでも大きければ良い。

体術的先取りが行われて相手が虚になっていればわずかな力でも真理に違わない動きは無限大の力となって相手に作用する。

腰一回りして（腰回りによって）接触点はあくまでも動かさないで腰でふわりと（上方から、下方から、斜めへ、前へ、後ろへ等）剣の重みだけで押さえることによって、相手にピックッというほんの小さい緊張、身体の固まり、崩れを与えて、即ちこちらは自由に動けるのに、相手はもう一度体勢を立て直さないと次の動きに移れない状態とすること。そしてその崩れを延長して最後まで体勢を安定させない。付いて離れず、自由自在に自らの動きに同化させてしまう。これこそが合気道である。相手をとらえる、腰回りによる相手との一体化がなければ合気道にはならないのである。

合気道とは“相手との一体化”。付いて離れず、腰回しによって相手を自らの動きに同化させてしまうことが技となる。

指対指　（無限大の力）……腰回りによる対応

指と指を合わせて、互いに前方へ押し合おうとするのではなく、その接点には力を入れないで、その位置は動かさないで、腰回しで下方へ一回転させて（一体化、相手を捉える）引き気味で対する。身体ごと出る勢いで対する。手には力を入れず（脱力）腰の回りにまかせる。

（掌対掌）　お互いに左右から掌を合わせた場合も同じ

小太刀対小太刀

小太刀を持ったことによる意識をなくすること。

（S47・3・7）

⑳自然に出る芽（トタン、拍子）

体捌きを行なって後に型を行なうと、例えば互いに体捌きをして打ち合った〝トタン〟（その拍子）に自然にその流れの中に体の捌きによって何かへ変化して行こうとするものが生まれてくる。この自然に生まれてくる芽が非常に大切なものである。これが技となって表現されて行くのである。

（S48・9）

㉑体術は拍子なり

彼我の動きの中の自らの体捌きの流れの中に自らが作りあげた拍子によって〝トタン〟に出る自由な

捌きが即ち技となって表現される。ある技を施そうとして行ったものではない。

瞬時も止まらない体捌きの流れが最も大切であって、その体捌きの流れによって技は拍子によって〝トタン〟に出てくるものだということを体得することが絶対に必要である。

その中には起こりとか、気発とかいったようなものも無論含まれることにはなるけれども、あまりにこれ等にポイントを置き過ぎると、動作の始動に止まりが出てしまって、構えて動作を起こそうとするため、空手のように一見早く見えるが止まりがある動きになってしまう。

円理に正しく従うものは、常に相手を自らに順応させることができる。理を信じて疑うことなく稽古に励むことが大切である。


（S49・3・6）

㉒拍子（1）

互いに振り返った時に、その瞬間〝ハッ〟とするところに拍子がある。ハッとする時は固着であり停止、虚である。その時安定の悪い方が握る。

空手はこの〝ハッ〟とを打ち、突きにて応ずるように工夫してある。


（S49・7・4）

㉓拍子（2）

体術においては手と手の触れ合うところ、即ち我が円と相手の円が接触するところに拍子を見出すことが大切である。

（S49・7・23）

㉔拍子（3）

拍子で打つ剣。

細身の剣を使用する。

体捌きから入る型を行なう場合、互いに持たないで行なう稽古即ち拍子で取る技の修練をすること。持つ（握る）と二人までの敵しか同時には相手にできない。三人以上の場合は絶対に持ってはならない。

（S53・2・21）

㉕至極の道、極意は足下にあり

体捌きが至極の道であるというのは、これによって無理のない動きができうるということである。これが極意であり口伝である。これを修業することによって十の内一つでも無理のない自然の動きが各技量に応じてできるということが至極の道で極意であるという所以である。

偉大なるものを日常のことの中に本質的に同じ理のものを見出して、同一視するという考え方である。行は誰もができるけれども、達するかどうかは人によるのである。このような考えかたを心中に持つものであるが故に、出発点にも極意があり、雲の彼方にも極意があるのである。即ち足元にも極意があるのである。

武道のみに終始限定せず処世の道（実践）にも現されるべきである。

体捌きに始まって体捌きに終わるとは、足下に極意があることをいうものである。（S43・12・5）

㉖ 払うということ

払うということは次の手で（同時に）攻撃することが前提である。

相手の攻撃をただ防ぐという意味だけで払うということ、即ち払うだけの払いは相手に次の手で攻撃を受けて敗れる。

払った手がそのまま攻撃に移るとか、次の手が追い討ちをかけるとかいうことがなくてはならない。

腰回し第一で行えば自然にそうなるはずである。（S46・3・3）

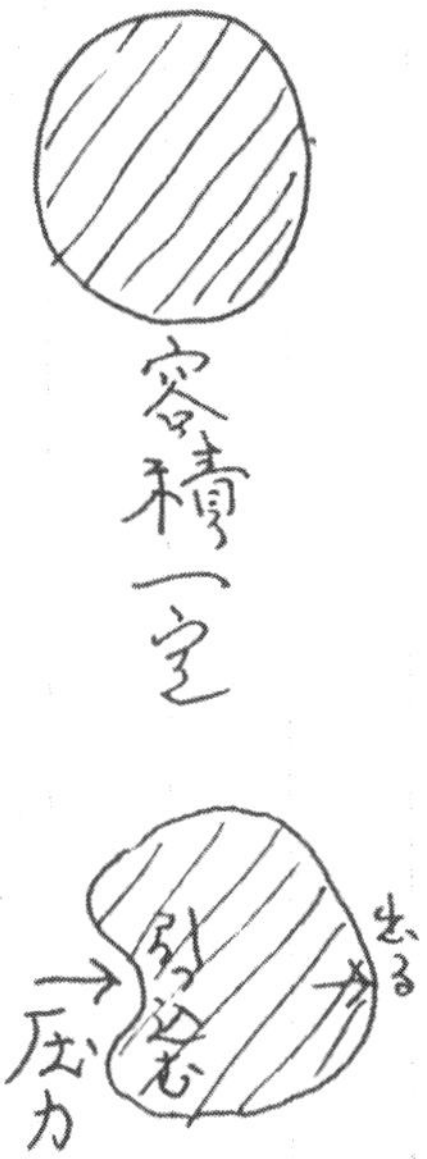

不動とは（自筆メモより）

㉗ 不動とは

不動とは固まったような、動かないということではない。右が押されれば左が出、左が押されれば右が出るといったような意味である。

変形はしても容積は一定で、またすぐに元へ戻る。

相手が右手を強く払えば、その強さだけで（同じ力で）右手が払われて左手が自然に出る。（S57・6・15）

㉘角度の変化が体、剣共に技となる

一寸の直径の杖
一回転で三寸それる

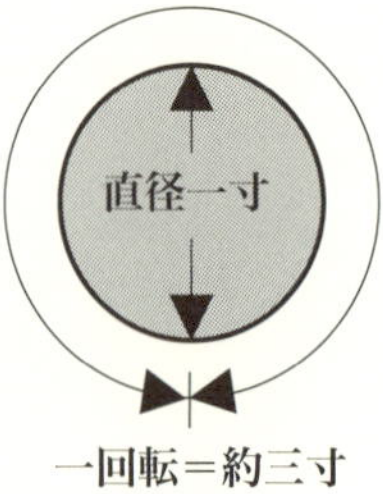

直径一寸の杖を一回転させればその移動距離は約三寸。これで十分に崩しがかけられる。"三寸"は「パッと見ではわからないくらいだが微妙に自分の位置が変わっている」ことの比喩。杖に限らず、あらゆる技の崩しは"三寸"でかなうと平井師は説いた。また、直線運動でなく回転運動であることも重要だ。

そこを回転による連続腰回しでの一動作の突き　（S48・8・21）

㉙瞬間紙一重の技、内なる神の働き

拳でバーンと打つよりも、指一本か二本、あるいは指先を全部揃えて腰回しで指先でツンと回して突くと、相手の本能的反応（内なる神の働き）が出て、その効果が大きく、その防衛本能的運動に対して、こちらも応変することによって相手を制することができる。

例えば顔面を拳でバシッと打つよりも（この時は場合によっては相手が打ちに対抗する場合もある）、指先でツンと回し突く方が相手は上向きに崩れる。

相手の足の腿を指一本でツンと回し突くと、パッと腕が防衛的にその方へ動く。その時その腕をその指でまた回し応じ、続いて顔面を攻撃する等、相手の本能的反射運動に応変することによって相手を制し得る。

指による腰回しの突きは内部へ錐状に入って効くのである。

掌を開いてパッと押してくる者に対して、それに対抗してガシッと押し返すよりも、指先でツッと掌の真ん中を突いてやった方が効果があるものである。　（H1・3・5）

㉚天地天上

本能的運動の利用

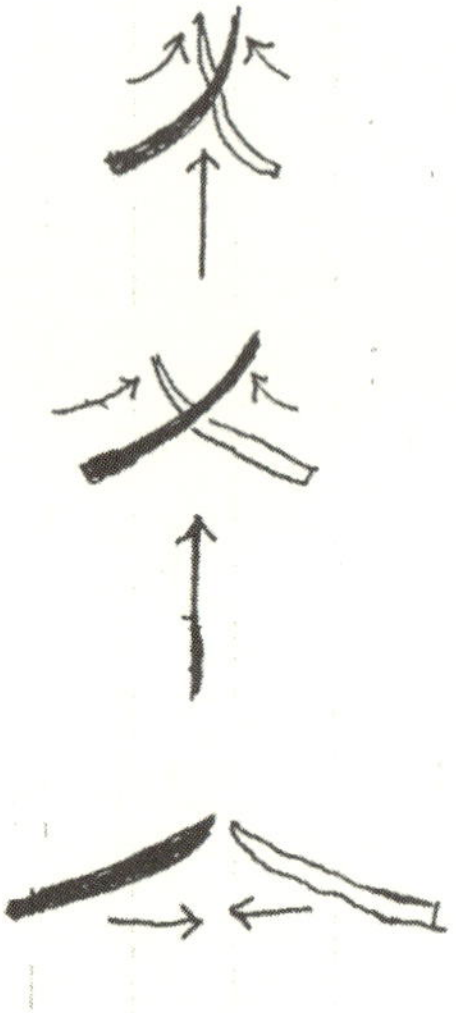

天地天上（自筆メモより）

小太刀を合わせた状態からすり上げると、自然に相手も上がる。物理的なようでいて実は本能的な同調現象だ。

互いに進み合って間合に来た時、自分がパッと手を上へ差し上げると、相手は手を上げながら上へ伸び上がる。自分はその時既に腰を落して入り身で腹へ突きを入れる。これは小太刀がすり上がる心地である。（S47・5・17）

㉛ 正面の中への入り方

足の運びと上下動の考察

自然の理としては前足が出れば自然に手が下がり、後ろ足がついて出た時には手は自然に上がるものである。

前足を出して後ろ足を送るとき、自然には下がって上がるのを相手は（普通は）手を振り上げて斬り下げる。これは誤りであってここに寸秒の差が生ずる。（〝ひとこま〟だけ早い）

足の運びと上下動と打ちとの関係　　拍子、調和　大切

前足を出すと下に下がり（写真１～２）、後ろ足を送ると上がる（写真２～３）。手もこれに連動するのが自然だが、逆（２で振り上げて３で斬り下ろす）をやると寸秒の遅れが生じる。

前足出る……下がる↓
後ろ足送る……上がる↑

無論写しの大切なこと、写しで思わざるに打たねばならないのだけれども、上記の自然の理の中に正面へ入る理が含まれている。

（S43・12・19）

㉜ 死角

実戦の勝負どころ

相半身で直線的に同時に進みあう場合、他のことは無視すれば3⇔2で勝負あり。相手の死角を自然に掴みうる。

相手　3	⇔	自分　2
（三つの呼吸）		（二つの呼吸）
早く写る		ゆっくり余裕ある行動に写る

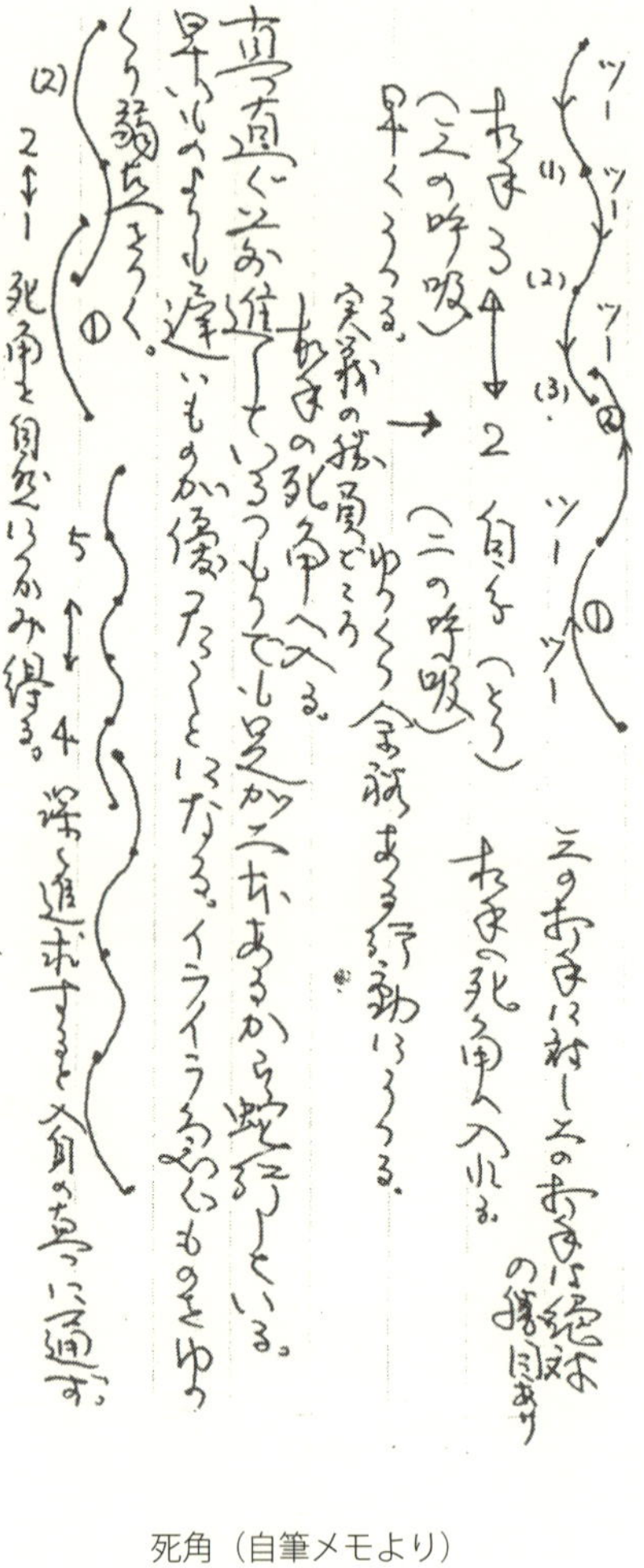

死角（自筆メモより）

実戦の勝負どころ　相手の死角に入る

真っ直ぐに前進しているつもりでも足が二本あるから蛇行しているのである。早いものよりも遅いものが優ったことになる。イライラ急ぐものをゆっくりと弱点をつくことになる。

2⇕1　死角を自然に掴み得る。

5⇕4　深く追求すると〝入り身の真〟に通じる

（S45・5・21）

㉝ 側面へ入ること

体術においては、側面へ入って自分の捌きを大きく仕組むことが最も肝要である。小さく仕組むと相対的に相手の仕組みが大きくなって技が効かず、逆に相手の技にはまることになってしまう。相手に関係なく大きく動くこと。

腰回しの大きさ、おおらかさ、気を出すように出すように、発展的に、そして引き込まず外へ。

二人取りの場合、二人共の側面へ出ること。二を一に、一をゼロに持って行く工夫が大切である。

（S44・2・4）

㉞体術における入り身の入り場

互いに進み合って指が触れ合う瞬間に入り身をすれば入れる。
自分　相手　（入り身の真　一般の入り身　共に）
入り場（はい）は打ち場と同様に前進する時の相手の上下動の下がった時（次に上がらんとする時）が入る夕

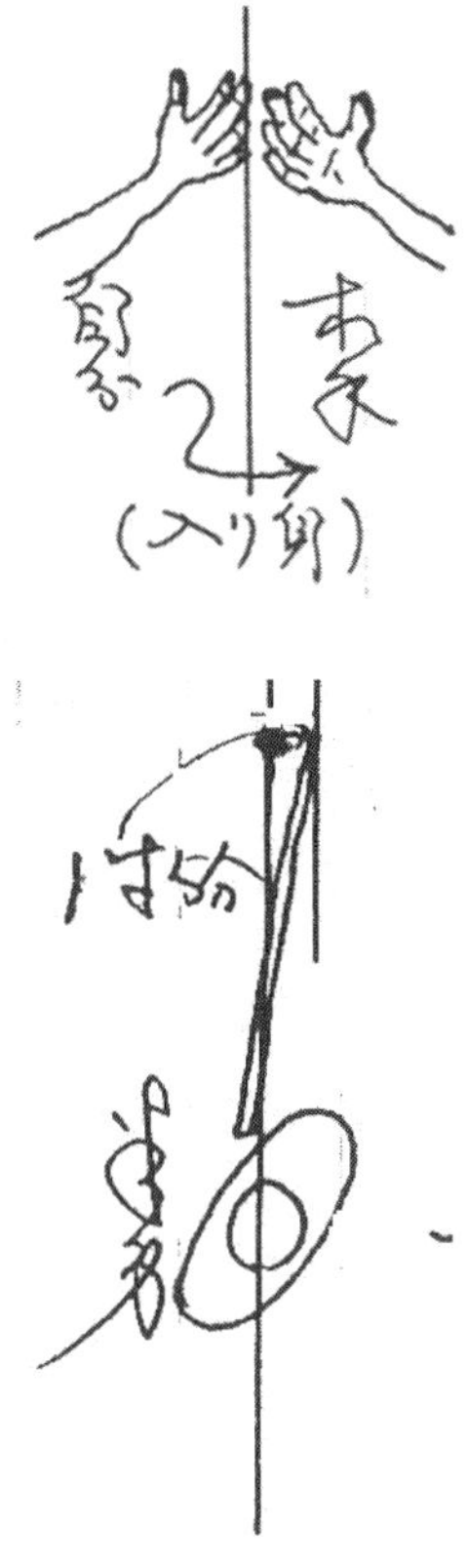

体術における入り身の入り場
（自筆メモより）

イミングである。上下動のない者には、相手の出る気を飲み込むように引き、相手を引き込んで（下がったと同じこと）攻撃する。

剣においては特に剣道式に前後の足を平行にして前進すると、上下動がどうしても剣尖に現れざるを得ない。それで竹刀の場合には、これをカバーする意味で、剣尖を意識的に上下に動かすことがよく行われる。しかし真剣ではこのようなことはできない。

合気剣では足をシモクに踏み半身となり剣尖を中心から一寸五分位右側へ剣を右まわりに傾けてはずす。15度～45度傾けられている。

そのため前進のときの上下動が相手に見られなく、相手にとってはいつどこへ来るか分からない剣となる。

正面が開いているので、相手が来るところを腰を回し落して返し突き（入り身の突き）、あるいは傾けた剣を左回りに腰回しで戻して真っ直ぐに立てて摺り上げて斬り込む（摺り込みもあり）ことができる。特に剣においては相手の上下動の下がったところ（打ち込む前に必ず一度下がる）を打ち突きの場とせよ。

一寸五分　　半身　　柄　　（S53・5・2）

㉟ 落しの入り身

二寸引いて（相手にはわからぬ程度の引き）入り身に出る。　　（S45・2・3）

落しの入り身

打ち込んでくる相手に対して、ただ直接的に入り身しようとしてもそう入れるものではない。「落しの入り身」とは、わずかに引き込み（写真2）、相手を巻き込んだ上で入り身する（写真3）という身捌き。ただし、引き込むと言っても外見的にわかるほど後退する訳ではなく、あくまで〝腰の回り〟によるもの。回転ゆえに移動距離としてはほとんどわからないくらいだが、イメージとしては、後方回転で引き込んだ後、その回転が止まらないまま前方回転に変化して入り身する、という流れになる。

〝腰の回り〟に関連させたイメージ

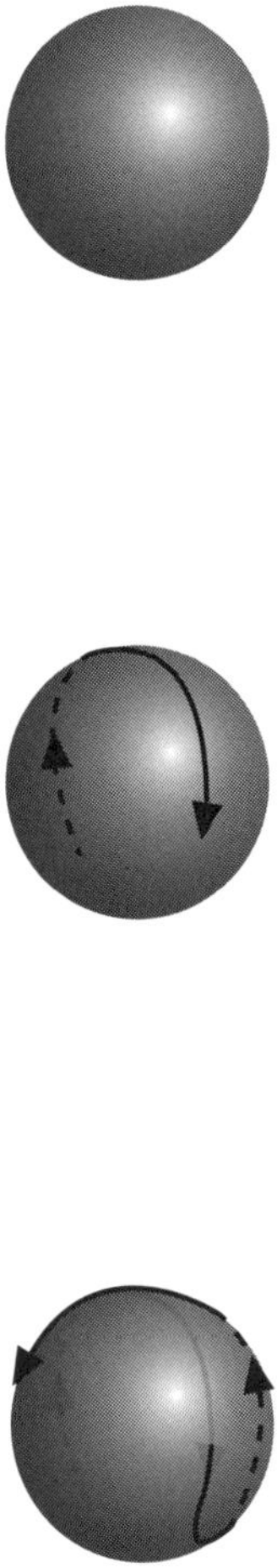

㊱ 押し引きの動作

歩行中、後ろから腰を押されたりまたは引かれたりした場合、相手の姿を良く観察すると、押す動作、引く動作というものは身体が沈むものである。だから自らもその沈みに応じて腰を落せば相手は倒れることになる。

（S54・9・18）

㊲ 自然の流れ

触れ合った時の感覚（触覚）によって、自然の流れとして捌いて行くことが大切である。

剛（固着した体勢）↓弱（握ることは固着）

握ることは一コマ遅れることになる

柔（自然な自由な柔軟な体勢）↓強（柔軟な体勢）

自由な流れ

剣を強く握るということは固着に通ずる。剣の自然にあるべき重心が握ることによって柄のほうへ移って剣先が死ぬことになる。

抵抗のあるときは　これを抜き、抵抗のないところに抵抗をつくってやる

（S49・2・19）

㊳ そのまま出ること

例えば右半身で前進するとき、一度手を引き込んで（準備）から出ることがないように注意しなくてはならない、ともかくそのまま出ることが大切なのである。

㊴ 細腕には近くべからず

〝柔ら取り〟（柔術家）は手首が細くなっている。
細腕には気をつけて近くべからず。

（S62・11・3）

㊵ 打ちは手刀で行なうこと　気で打つ

打つ瞬間に指を開く、そうするとその時指先から気が出ている。無論腰回しで行なう。気が指先から出る時電気が測定されるという。そして熱くなる。これを気で打つと言う。

（H1・3・5）

㊶ 感伝（勘伝）

触れて触覚、そして触れずして接近した時にある感覚が伝わってくることが認識できるようになるものである。

（H1・3・5）

㊷ 剣は小指で

剣は小指を締めて柄頭で前方へ抜けて飛ぶのを防ぐような持ち方でなくてはならない。人差し指側で握ると激しく打ち込むと剣が手からはずれる。

（H2・3・4）

㊸ 二人取り

二人共の側面へ出ること。二を一に、一をゼロに持って行く工夫が大切である。

㊹ 技は相手の腰の備えを崩して施せ

小手返しなどが利かないというのは、相手の腰が伸びていないのに、無理に腕力によって技をかけようとするためである。そして自分の腰の回りによって自然に開いて手が返るのであって、無理に捻り、返すのではない。よくよく稽古すること。

（S60・8・20）

小手返しのような技は〝手首を極める〟という部分に執着しがち。しかし腕力で無理に手首を極めにいって投げようとしても技はかからない。実は相手の腰が崩せないと決して投げは決まらないのだ。自らの腰の回りによって相手の腰を崩すのであって、手首をたたむ形はあくまで表面的なあらわれにすぎない。

㊺自分を自らが補うこと

小手返しをかける場合、相手の手を持ち、その手を無理に返そうとしないで、自分の他の手の掌で相手を持った自分の手の親指のつけ根関節から先の方へ押すように自らの親指を押さえて相手の手の甲と自分の親指を密着させる方が有効である。自ら自分を補うのである。また相手が手首をつかみ引っ張ったような場合、掴まれた手を他の手で引けば相手は大きく崩れる。自分で自分を補うのである。

（S60・8・20）

㊻後ろ取り

相手は打ち合った前の手に力がかかる。横に同方向に回り縦に回す（返す）ことによって抜けて出られる。投げにもなる。

（S44・3・12）

㊼引きは二歩まで（退き）

退く時は二歩までとし三歩以上は続けて退かぬこと。三歩目には崩れて立ち直れない。退く時は腰回しにより、いつも出る腰を内蔵していなくてはならない。

（S58・4・21）

㊽刃の下こそ安全

得物に対しては一歩踏み込むこと。常に刃の下に踏み込むことによって安全である。

㊾常に半身の体勢に戻ること

足の幅はいかなる時も身長の四分の一以内にとどめること。歩幅せまく、摺り足による前進、後退が必要である。

（S53・3・7）

㊿自然に出る技

ある特定の技として技を習わず、自然に出てくるものが体捌きによって表現されることを念願とする。

㉛ 技は大きく

瞬間の早い技というものも早く習っては役に立たない。拍子ばかりとって早く行おうとするために使いものにならない。迂遠な大きな回りの中でこれを習熟すべきである。

（S50）

㉜ 偉丈夫は突き抜けよ

偉丈夫は足幅広く、体力にまかせてどっと出てくる。そのため崩れて腰回しはよくない。それを突き抜くべし。

（S53・2・21）

㉝ 抵抗のあるときはこれを抜き、抵抗のない所に抵抗を作ること

合気道とは調和和合の道である。

相互の対立感を我が遊の中で流転する腰回りで一体化することがすべての表現の根源である。

当たり合う気の一体化：抵抗のあるときはこれを抜き、こちらに対立していない気をこちらに向かせて（気を当てて）一体化する。抵抗のない所に抵抗をつける。相互の気の繋がりが重要なのである。

（S49・2・19）

㊴ 浮き腰

浮いた体としての動き。

例えば70キロが石のように下に力を加えたようにではなく，例えば30キロ位に感じるような動き。

（S47・2・2）

㊵ 入り身の真

相手の一歩出て打ち込むところを、こちらは半歩で腰を落とし（腰一回転）、そのまま打ち込む。

（S47・7・18）

㊶ 入り身

広義には自らが相手の間合いの内に入ること。懐に入ること。

腰の縦回し、呼吸、気の先行、精神面が重要である。

（S48・8・8）

㊷ 体の開きと移動

常に腰回しによって体をひらき、ひらく。

そして左右。前後、斜めに体を移動する。

（S47・3・8）

腰が回れば、一回転で三寸ほど移動したごとく、外見上位置はほとんど変わっていないように見えて違った所にいる。その〝角度の変化〟こそが相手の崩れを生み、技となる。そしてこの理は体術、剣術、杖術すべてに共通する。

㊽角度の変化が体、剣、杖ともに技となる

我々の目指す合気道の表現はすべて内なる心の腰回りの身体的表現である。

心と身体は実は一体のものとして区別はなく、腰回りはいわゆる前方１８０度までは身体を変更（変化）したと同じことで一回転で三寸（わずかな移動）と言われている。身体の三軸の方向にそれぞれわずかな移動を伴っているわけで腰が回ればもうそこにはいないのである。上下、前後、左右に微妙に相互の気の繋がりの変化が身体の変化となって表現されるのである。その場で身体を動かそうという意志なく回るという感覚だけで実は自然に位置が変わってしまっているのである。

相手は狙った目標を見失って自ら乱れ崩れ

ることとなる。踏み込みによる退きや停止は現れないのである。

腰回りは立体的回転であり身体の三軸の複合した角度の変化である。相手の対立を和合するように現れる彼我一体化の回転であり、それが外見上技という姿となって現れているにすぎない。

体術、剣術、杖術すべて腰回しで対処するのが我らが合気道である、角度の変化がすべての技の根源である。

（S48・8・21）

59 右下への捌き

体術において、正面へ打ち込まれたとき、まず腰回しによって身体を右下へ捌き、右下への流れを使えば相手を自由にできる。

（S57・5・4）

平井先生の講義より

「体捌きの基準と腰回し、入身のシン」（昭和57年4月20日）抄

体捌きを中止することなく稽古すべし。体捌き以外に我が想い（球転）を武道の形に表す道はない。円の形を心に画きながら体捌きを行なうことによって兵法全体の自分の行動範囲、行動系を形づくる。各自大小、老若、男女を問わず自らが自分の行動系を設定する。そのつもりで体捌きを行なわねばならない。その範囲の間にどう円く円を画くかを一番の目標として行なうのである。腰の回りが極端にならぬように、また直線にならぬように心掛けねばならぬ。武道の基本であるだけにむつかしいが、また面白い。呼吸のしかた、体捌きの時どこで息を吸うて、どう吐くかをよく考えること。自分の行動の中に遅くても早くても呼吸を吸う時吐く時、それをどこでやるか。全然呼吸しないでやる訳にはいかん。その方法は速度をいささか緩くするようにして体捌きをすれば呼吸の切り場つぎ場は自然にわかるはずである。

●斬り下ろしの時の基準

体捌きを行なう時、手を斬り下ろす時にはいかなる時も完全に中心から斬り下ろせるようにしなければならない。これは腕を持っていくのではなく腰をもっていかねばならない。そしてこれが鉄則である。完全な円にもって行くように、これが体捌きの、斬り下ろしの基準である。腰が完全に回って初めて中

心から斬り下ろせるのである。この場合、足はシモクになる。

●入身の誠

腰が入るからすなわち回っているから入身なのである。腰が完全に回っていれば相手の突きだろうがなんだろうが入身になっていないものは剣だろうが棒だろうがたたき落としてしまえる。腰を回して斬り落としてしまえばこちらの方が入る。相手が抜けてしまう。躊躇する必要はない。

●入身のシン

入身の真とは実は腰の回り方であって、腰が回って入るからできるのである。

入身というものは実は腰の回りを言うのである。腰が回るから入るのである。正面を打つのでも腰が回ってさえいれば斬り下ろせば効くのである。腰のくり回しで斬り下ろすのである。

入身のシンとは入身の誠を言う。（神、心、真、身）

体捌き、例えば入身転体、この中に千変万化の秘術を蔵しているのである。だから体捌きは入門の時から一生を生ある限り稽古し、この腰回しを念じてやまない。

日本の武道というものは、激烈な稽古を行なって上達して齢がいったらできないといったようなものではない。五体が満足な限り八十歳になってもできなければウソである。たとえ息切れして困ろうとも息切れの瞬間にはできなくてはウソであろう。これが武徳というものである。

その意味で体捌きこそ重要な大切なことなのである。

その場で腰が回る（開く）、これが入身のシンなのである。

第三章

円・球の身体性

「腰の回り」とぶつからない身体性の獲得

本章ではいよいよ、平井先生の合気道の根幹ともいえる「腰の回り」について紐解いて行きます。「腰の回り」といっても、腰をグリグリと物理的に回す意味合いでないことは、一章でも軽く触れました。では、一体何を意味するのでしょうか。

平井先生は〝回転〟という動作性を重んじていました。〝円〟の動き、そしてそれが全方向性を獲得した時、〝球〟となります。この〝球〟こそが、ここまでですでに述べてきた「ぶつからない」ことの実現のために不可欠なものなのです。

「ぶつからない」ためにどうすればよいか、という時、多くの方は「避ける」ことを考えるでしょう。実はそれは単なる〝仕切り直し〟です。相手はまた改めて次の攻撃を仕掛けてくる、そういうことの繰り返しになるだけです。「避ける」こと自体は〝技〟にはならないのです。

しかし、例えば自由な状態の大きな〝球〟があったとして、そこに突き込んで行くとします。あなたはどんなに大きな力で、あるいは鋭く突き込んでいっても、〝球〟は弾き返すのでもなく、飛び退くのでもなく、自然にクルリと回転してあなたの攻撃を〝無〟化してしまうでしょう。〝球〟自体に意志などなくても、です。しかも〝球〟は依然我が身に寄り添うかのように、そこに在り続けています。まるでこれだけでこちらが制せられてしまったような格好です。

これこそが、平井先生が合気道の中で追究した境地です。「ぶつからない受け」を即、〝技〟とするためにはこの方法論しかない、と言ってしまっても、あながち過言ではないかもしれません。

しかしこれが、先に述べた通り「腰を回転させることではない」としたら、具体的にどうやったらいいのでしょうか。

これこそが本当に難しい。何しろ、具体的な体の回転ではないのですから、本当にさまざまな側面が含み持たれている訳です。だから本章でも、「腰の回り」にまつわるさまざまな事象がさまざまな言葉で綴られています。どれも〝球〟の境地への到達を実現するための言葉です。

もし自分が〝球〟の境地たり得たならば、ということを想像してみて下さい。

どんな攻撃を受けても、自然に回転して〝無〟化できてしまうのですから、次に何がくるか、どちらからくるか、などと思い煩う必要などありません。「こうきたら、こうする」といった個別の対応策を覚えることが〝技〟なのではないのです。そうせねばならないとすれば、いくつ覚えても足りません。実際には相手は、何をやってくるかわからない訳ですから。

突くとか打つとか、蹴るとかいった攻撃動作を考える時、「突いて」「次動作に備えるため戻して」「また突いて」といった往復運動的なイメージを誰でも思い浮かべるのではないかと思います。だとすれば、これらをできる限り隙なく行なうためには、スピードを上げて行くしかありません。突くスピードを上げ、引き戻すスピードを上げるのです。

しかし、合気道の方法論は違いました。〝球〟の動きは、行く動きがそのまま返る動きになります。まさに平井先生がよく口にされていた「無窮（境なく果てしないこと）」です。

肉体には限界があります。スピードを上げることも、力を強くすることにも限界があるのです。でも、「円転無窮」たる合気道には限界がありません。

だからこそ、生涯追究し続ける甲斐があるのかもしれません。

❶円乱取り

気発の合気、円和の連続、球転無窮、中心に帰納した止まらない途切れない気の繋がりから現れる腰回りを習う。彼我一体感の中の腰回りを感得するための稽古法である。

円乱取りとは彼我相対して攻防しようとするとき、その対立感を助長して優劣を争おうとすることなく、相手の気と和合する〝受けて樹（た）つ〟気迫で自己修正して円満に自分を圧縮して、思わず直線的に目標を求めて攻撃に行ってしまいたいものを、あくまでも忠実に円理に適うように我が遊の境地における球転に任せきり、己を殺して行なわねばならない。

誠に回りくどいと思われるような、難しい腰回りという完全円になりきる己を作り上げるのが目的でなくてはならない。そして一つ済んだ後、離れて次にサッと行こうとするその瞬間に、気と気の繋がり、気発の円和とによる反動なき球転から顕われる起こりという、大切な停まらない連続を会得しなければならない。

（定義として　H27・8・13　加筆）

❷円乱取り、仕合

•円乱取り

腰の球転を常に反省しながら自らが習うことが大切である。相手を打ち、突き、投げ等することが目的ではなく、自らの球転の完成を願うという素直な心で行なうことが必要なのである。いかなる場合も

円乱取りとは、次々と掛かられる中で、相手をどうこうしようではなく、自分が〝円〟になることを追究する稽古法。

停止のない腰回しをもって、フワリとしていてしかも攻めるべき時には大きな力となり得るような稽古でなくてはならない。

自分の打ち手や、受け手が固くなった時は自分の腰の回りが伴っていない訳であって、次の変化に即応できない状態なのである。これは自らの崩れ、固着である。これを素直に受け止めて反省することによって自分を修正して行くのである。このように円乱取りによって自分の欠けるものを自ら習うのである。

腕や手でガチンと受けたり、押さえたりなどして相手を制することで良しとすると、腰回りと手が（身体と手足）分離して大きく崩れる原因となる。武道は自らが常に真理（円転無窮）に違わぬことを念願して修養を積むべきものであって、相手はその真理の前に自ら敗れるものである。常に腰で、常に円く留まらないことを念願としなければならない。

●仕合

仕合においては丁々発止といったような、また円乱取りや型におけるような所作といったようなものはなく、それらの稽古の中のほんの一部分が瞬間的に我れ知らず思わざるに内から素直に自然に出たもので勝負がつくものである。

心構えとしては、稽古と違ってお互いに相手が自分を斬り殺す気持ちで来ているということを意識さえしていれば、他に何も考えてはならない。

お互いに相手の先を取ろうとしている。そういった場合、その先とか先々の先とかを取ろうとした意識から出たものでは遅くなってしまって駄目なのであって、前述したように、思わざる内から素直に自然に出たもので勝負がつくものである。結果として先々の先となっているものとなるのである。内なる神（真理）が働く〝無色の剣〟が中するのである。

体術の場合は手の触れ合いがあるから、これによって腰回しの稽古ができるけれども、体術↓小太刀（体術と剣術との接触点）の間合いは幾分可能であるが↓剣術になると全く不可能となって、体捌き、円乱取り等で腰回しを習熟しておかないと武器を持った場合には手振りとなって腰回しが欠けてしまう。この連携を忘れないで、腰回しの稽古を常に最重点に行わなければならない。

（S47・9・5）

❸腰で相手に対応する　腰の回る間合い

あらゆる場合において得物を忘れ、持って持たざる境地で腰回しによって相手に対応することが大切である。そしてそれ以外に道はないのである。決して相手のすべてにそして自分自身にも執らわれてはならない。腰の回り最優先、それがすべてであると信じて対応すれば、相手は間というものを彼我の間隔、距離と認識しているとすれば、こちらの信じている自分の腰の回る間合いとは、全く異なるものであるから、得物（手）優先で行動する者を打つことは誠に容易いものである。

相手の認識している間合いは、自らの得物の打ち場（例えば切っ先三寸）で測った距離で見切って来るが、腰回しで打って出ると、身体の位置がまず最初に変化しながら動いて来るため、全く相手の思った間と違ってくるため、相手は正しく打つことはできない。（滞らない球転、円和流転による変化）。

得物優先で打つ者は、腰を固め足を踏ん張って身体はその場所に固定して腕で振るため、身体の位置

得物を手にした時も得物優先で動いてはならない。平井師は「刀は当たるまで力を入れるな」と説いた。間合いをはずすのも、体を崩すのも、腰回しによるものでなければならない。

が定まっていて打たれてしまうことになる。

体術の型において例えば手取りの場合の持たせ方とか、特に持たれるのではなく、持たせるのだとかいうことは、腰回しによって予想していた間を変えられているのに相手はそれを知らず、予想していた間を外され、当方は相手が間をはずされたための思わざる動き（予想していなかった動き、予定と違った動き、これは乱れであり崩れとなる）をするものを延長するものだと考えれば、腰の回る間合いという面から技法的説明ができる。

〝相手からは遠く自らは近い〟というような表現は間のことを以上のように解釈すれば理解できるであろう。（S58・4・21）

❹ 腕で受けたり押したりしてはならない

互いに打ち合った時、これを腕で受けて、これを左右へ押しやろうとしてはならない。このよう

相手の打ちを腕で力ずくで受けてしまってはならないのは刀法同様。腰は回らなくなり、実質的に動けないのと同様の状態に陥る。

にすると腰は固定されてしまって腕力のみの行動となってしまう。打ち合った瞬間において無意識に腰で受けて腰回し（目に見えないものであっても）によって円く受け流し、あるいは攻撃をすること。打ち合った瞬間、腰回しで一体化され勝負はついている。

腰を落すことによって腰回しを円滑にすることができる。

（S49・3・12）

❺調和こそ充実最高なり　指の開き

・腰の球転

腰は身体の中の一番重要な部分を占め、その内に他の部分と違って流転（即ち真理の表現）可能な唯一の領分が備わっているのである。前後、左右、上下、球転ならざるなしである。

・体捌きと調和

腰の球転による調和のとれた全身の動き（体捌

き）、この調和こそがその人なりに、その時その場における最も充実した表現となるものであって、体捌きはこの調和の体得をその目標として稽古を積まねばならない。これは言うは易く体得は至難のことであるが、一生涯求め求めて精進して行く道である。

ある一部に突出した強さを求めるということは、全体の調和を乱し、腰の球転が崩れて、無理（理から外れる）であって敗れとなる。我々の求むるものは一にも二にも調和であってそれ以外の何ものであってもならない。

●腰の動きは目には見えない

腰の動きというものは裸になっても目に見えるものではない。手首、指の動きと指の開きによって、身体的には一番良く表現されるものである。発気は腰の球転となり、それが指への開きによって放出され、行きっぱなしになることなく、腰に戻って内の充実となり、球転無窮となって継続して行くのである。指の開きのないものは死物である。指が呼吸しているとはこのことを言うのである。また指の開きによって、握力、刺突力等の養成はできるものなので、剣の握りなども会得できるものなのである。

●思い（意）と行動

人間の動きというものは思い（意）が発気によって、即ち腰の球転となり表現されなくてはならない。気は腰の動きによって身体の各部に伝達される。気の動きと腰の動きが一致して、それに連動して指が開かれる。

●兵法的に見た調和

武器（得物）は自分に一番良く合ったもの、調和が一番大切であるという解釈をしていなくてはならない。

●自然との調和

身体と調和して動く、即ち使いこなせるもの、自分に合ったものが利器であって、いくら立派なものであっても、自分に合わないものは凶器、鈍器である。利兇は自らにあり、己に合うものは己に調和するものであって利器である。

（S60・11・19）

❻気から発する硬と軟の対応

平井先生が六十年間にわたり求め求めてこられたものは、気から発する硬と軟との対応である、そこから思わざるの技も現れる。

相手の硬に対して軟で対応しその軟が相手には大きな破壊力となって作用するがごときものである。即ち〝腰回し〟の一言に尽きる。

気と腰回しとの対処、対応に習熟しなければならない。そのためには自然体の重要性をこころに銘記していなくてはならない。

剛に対して剛で応ずるがごときは最低と心得るべし。これ即ち光輪洞の合気道を信じるが故なり。

（S54・5・8）

❼春風

・修道訓

技を修する春風ほのぼのの気をもってするものぞ。

春風・・ふわりと抵抗し難いもの。球転の原理、境地であって技法ではない。

打ち三法　（互いに打ち合った場合）

（上）かわして打つ　（中）払って打つ　（下）受けて打つ

（一）真正面からバシッと当たり合う　（下策）

（二）回りながら受けて誘導する　（楷書）

（三）回って身体をかわして空を打たせる　（草書）

（二）と（三）との中間的表現種々あり

（四）そのままふわりと身体を進め、抵抗し難い威力で押し込む　（春風）

互いに手を合わせて押し合うときの気持ちと同様である。

これは技法から離れて本質的な円転に基く腰による動作である。

手先に捉われない球転の原理に基いた、身体の運びによって自然に生まれる表現なのである。

これでないと、体術が剣や杖等へと発展できない。腰〔身〕の表現が剣に杖に現される。剣、杖はま

打ちに対する四種の捌き

（一）真正面からバシッと当たり合う（下策）

（二）回りながら受けて誘導する（楷書）

（三）回って身体をかわして空を打たせる（草書）

（四）ふわりと身体を進め、抵抗し難い威力で押し込む（春風）

ず腰が起動となって手が動き、剣尖が動くのであって、剣、杖などが先に動くのではない。ここに篭手を制すれば良い理があり、また無手の方が早いとも考えられる理がある。

（S45・7・8）

❽我が兵法

我が兵法は　唯ただ　腰回し　円転無窮
剣を捨てて剣を振れ　剣を忘れて剣を振れ
ある場所を狙って打つべからず。腰の回っただけの範囲を斬れ。
斬りかえし　右腕で振ると、左引き手となって右が突っ張る。腰回しだけで振れ。

（S57・10・5）

❾腰の回り（竹内流のいう）

自らが回転する腰をもって相手の腰の周りを回る。
自らの一をもって相手の八方を攻める。
相手も腰を回すとすれば、自らの腰の回転と合わせて二重の効果となる。
相手も球、こちらも球、球転を球転しつつ回る。球転無窮の思想からの解釈である。

（S55・1・22）

⑩ 相手も自分も円

相手の動きも円（たとえ直線的にしろ大きな円と考える）、その円動を我が円に巻き込み（同化する、和する、合わせる）つつ相手の円の周りを回る。このため二倍の円運動となる。（S55・2・12）

⑪ 点（中心）に帰納

球の角度は無数、中心は見えない。見ようとして斬ると球ではなくなる。諸行無常で同じ動きというものは二度とないものである。

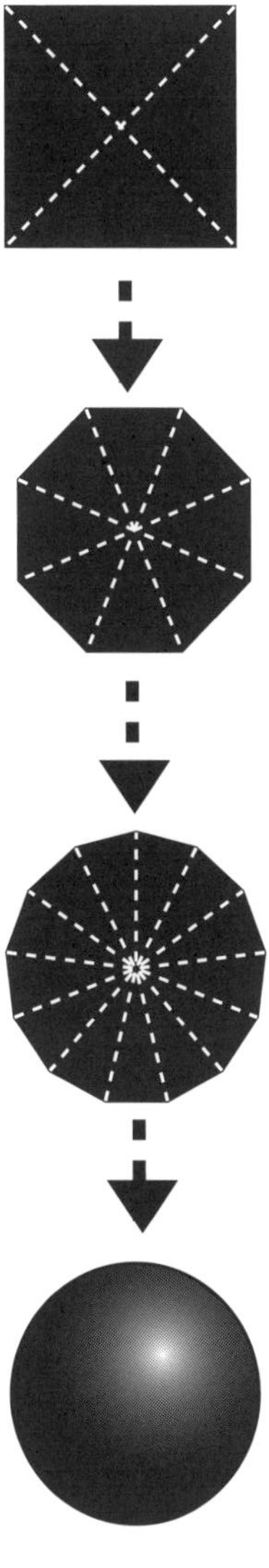

図形の頂点が増えていき、無数に至って円、そして球となる。各頂点を司る（各端緒から等距離にある）中心は、球に至って見えなくなり、これ以上なくとらえどころのない状態になる。その表面には頂点も辺も存在せずまったく一様なひとつながりゆえに規則的反復性（居着き）をもたず、かつすべてはただの一点に帰納する。

球転無窮にして一点（天）中心に帰納する。

（H2・3・4）

⓬春風のごとく

静中動　　動中静

春風のごとく

流れ　調和　リズム

早ければ早い内に　ゆっくりならばゆっくりの内に

その流れの中に調和のとれたリズム

（S49・3・13）

⓭自らが万全の体勢　気を送る

いかなる時にも自らの体勢を万全に保って、自らが技を仕掛けて相手を作るのではなくて、自らが万全の体勢をしていることによって相手が自ら崩れる、そしてそれに乗るということが大切なのである。

これはなんとなく後の先のごとき感じを受けるけれども、まず自分の気を送って、その気によって相手が思わず攻撃を仕掛けてくるようにさせて（自然にそうなる）相手の動きに付く。即ち先先の先である。自分がいついかなるときも絶対不敗、万全の体勢にいることが大切なのである。相手をいかにしたら破り得るかということを考えるのではなくて、いかにしたら自らが崩れたり、敗れたりしないかを考

一見、ただ持たれるように見えても、その接触部分が回転しているため、主導権は自分にあり持った側が身を崩す。常に“円転する身体”でいることが大事。

えることが大切なのである。

・気を送るということ

まず当方から相手に気を送り、その気によって相手に攻撃を起こさせ（先先の先）る。そして起こった時にはその相手に対して絶対優位の体勢になっていることが大切である。

（S45・2・2）

⑭円転する身体で当たる

いかなる時も直線的な当たりをしないで円転する身体をもって当たること。即ち相手にあたった部分（接触部分）が細かく回っていること。一見外見では直線に見えても無限の回りの一態として認識していることが大切である。

相手を円転によって（回り打ちによって）自分の渦に巻き込み、最初の小さな相手の破綻を自らの回りによって大きくして行って破る。

（S44・3・12）

⓯あらゆる関節の回転

相手の攻撃を受けたり誘導したりなどする場合、直線的に行うのではなく、常に腰の球転によることは無論のことであるが、腰の球転に連動して肩、肘、腕等、手首、指等すべての関節を円く回転させつつ所作することが大切である。

相手にコツン、コツンとした抵抗感を与えないで、相手から来た力が全部円でそらされ回転でとられる。身体のあらゆる関節（足の先から指先まで）を円く円く動作することが大切で、円転する関節が多い程優れている。

（S47・7・20）

⓰各関節と局部の円い回転

合気道においては最も基本的には腰の球転、球転無窮の腰回しを根本として、その球転によってあらゆる武道が生まれてくるという意味で母体武道であるという。しかしこの止まらない腰の球転に連動してできるだけ多くの関節が円転するのを最高とするのである。関節のみでなく関連する局部の回転も必要なのである。

例えば腕について言えば、内部の骨を中心とする回転もその範疇にはいるのである。注意しなくては

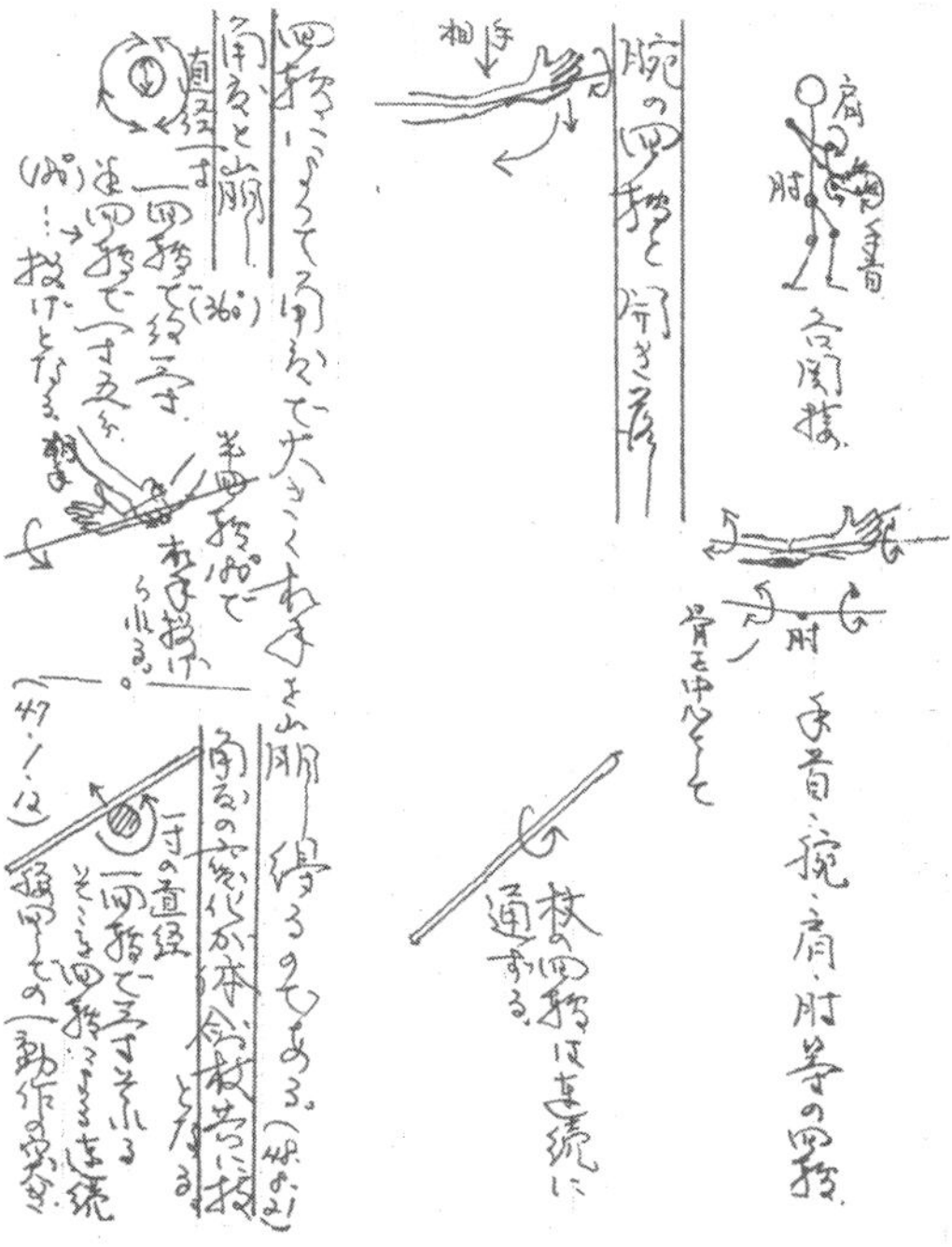

腕の回転と開き落とし（自筆メモより）

ならないのは、これら身体の各部の回転はあくまでも腰回りに連動しているものであって、その関連部だけを回して対処しても無駄だということである。腰回しの伴わない打ち、突き、押し、引き等が無効なのと同様である。

●腕の回転と開き落とし

例えば右腕に相手の左手の力が上からかかった場合、右腕を力のかかった勢いに応じて上図のごとく、右手の腕の骨を中心として、その周りに右に回転しつつ身体を右へ開き沈める。よく行うのは左手を相手の右腕の脇の下へ差し込んだり、相手の右首筋に上方から掛けたりして身体を開く時等に追

相手の左手につかまれた右腕を、そのかけられた力の勢いに応じて骨を中心に右回転させつつ、身体を右へ開いて沈める。

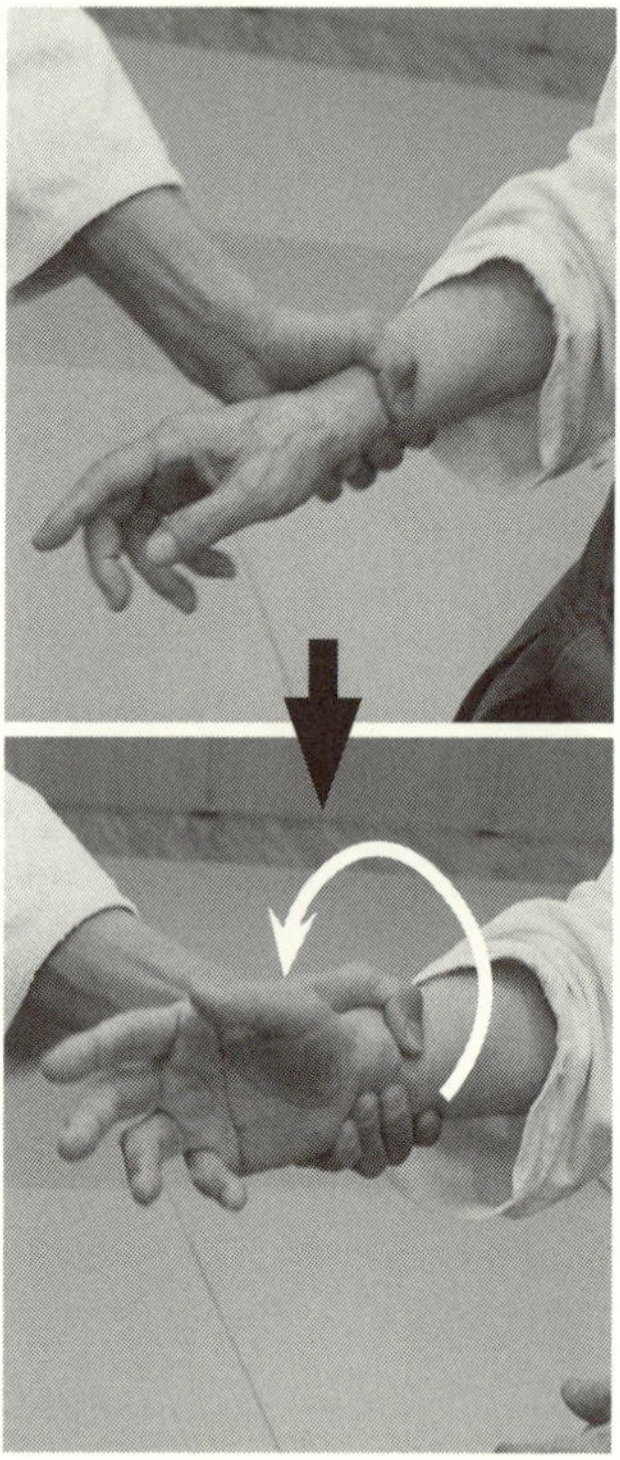

う手の方に重点を置きやすい。そうではなく腕の回転と身体の開きだけで相手を投げるのである。自分の腕の回転によって相手に対して、相手が無意識に取った所（抑えたところ）に執着せざるを得ないような状態にして（それに頼らされる）しまう。即ち身体が浮いて崩されてしまうようになることが大切なのである。

（S47・7・20）

⑰合気正眼は前進すれば即攻撃となる

●細腕に気を許すな

合気正眼の場合は腰が回し落されているから剣の場合は前進すれば、わざわざ剣を振り上げなくても、そのままで剣が裏篭手に入る。これは体術、杖術の場合も同様で、腰の球転による自然な打ち込みとなる訳である。エネルギーは最小限であって、昔から相手の腕を見て、丸太のように太い場合には腕力を頼む者故に安心して相手になっても良いけれども、手首が細い者は柔（やわら）使いで手強いと感じて避けたという。

合気正眼に構えれば、なにも考えなくても前進さえすれば、斜め横にねかされていた剣は真っ直ぐになり相手の中心に入っていく。相手が剣を振り上げて打ち込んできたら自然に裏篭手に（後ろ篭手）入っていることになる。

合気においては素手の場合も、構える時には掌を上向きにして（左右共）いる。この意味を良く理解して腰回しとの関連を充分に稽古すること。

合気の「中段構え」を平井師は「合気正眼」と呼んだ。上向きに返された掌は、相手を〝受け入れている〟ことを示している。腰の回りをもって進めば自然に入身、攻撃となる。「入って行こう」と思ってしまったら入って行けない。腰の回りの結果としての歩みだけが、常にかなう入身となる。

腰の回りは手首からの先、掌のすべての関節が柔らかに緩み、しかし気が指の開きを伴ってスプーン状になった柔軟な掌の動きになって現れている。

中心に帰納した腰の回りは下半身、膝や足首等諸関節の柔軟な屈伸と共に肩、肘、手首の関節の屈伸や柔らかな回転並びに肩と肘および肘と手首を結ぶ骨格の中心線の周りの内外転を伴って我が前後の軸の回転が垂直と水平な中心軸の回転を伴って手首を頂点とする円錐状に回転するように伝わってゆくから、合気正眼に構えれば進行方向に対して幾分外踏みとなりその角度に応じて腰は回し落とされていて自然必然的に掌はやや上向きに返っている姿となっているのである。だからこそ次の変化に対して腰回りによって無心自然に起こりなく停まりなく連続して即応できる態勢であることに価値があるのである。

剣を持てば腰回しを膝でとって腰を落とすことによって剣の刃が15度くらい倒され前へ一寸ほど押し出されて剣先が身体の開きによって芒子が相対線から一寸五分ほど右に開いている姿となる。

（S63・1・7）

⑱円進、腰回しによる前進、後退

合気道においては前進、後退、転体等すべて腰回しで行なわれなければならない。

円進して理に帰する、中心（基）に帰する。ここから体捌きが出てくるのである。攻撃という外の形は覇道であるけれども、心中は常に円進あるのみである。勝とうとのみ思うと覇道となり円が欠けて敗れとなってしまう。合気に裏（後ろ）なし、裏を円によって包み込み内にする。常に中心に帰することによって円転無窮となる。

大幅な歩みよりも腰回りの結果としての小幅な前進の方が、接近し合った場合一撃分だけ早くなる。

円進即ち腰回しによる打ち、突きには戻りはない。

体捌きに裏なく常に表である。腰回しは常に球転して中心に帰していて常に攻撃であり引き（戻り）はない。

・腰回しによる前進、後退

腰回しによる摺り足の後退（引き）大切也。ツーツーツーと腰回しによる小幅の後退。

大幅な足運びによる前進よりもツーツーツーと腰回しだけでの小幅による前進の方が接近しあった場合最初の一撃分だけ早くなる。

（S53・12・19）

⑲ 基本は腰回し

技を稽古する場合基本的な腰回し（動き）を大切に稽古して、枝葉の細かい技に捉われないこと。細かい技を大切にして、それが効く（有効）と思って特にそれを目的として練習すると基本が崩れてしまうことになる。枝葉の技のあることを知りつつ、基本的な動き即ち腰回しを稽古習得することが最も大切である。そうすれば枝葉は時に応じて自然に出てくるものである。

（S49・7・23）

⑳ 実戦と腰回し

実戦において刀を一振り斬りこむと、手が柄から離れなくなる程握り締めてしまっているものである。このような手足（身体）の硬直を常日頃の腰回し主体の稽古による腰回しで補ってやらねばならない。45度腰が回れば正眼からならば剣は斜め上方へ自然に振り上げられる。そしてそのまま腰を充分に下ろせば（縦回し）、剣は翻って斬り下げられる。

手で振れば、腰は固まってしまう。腰で振らねば実戦では役に立たなくなってしまう。

（S53・7・23）

㉑ 相手の攻撃をそのまま相手に返す

相手に持たれて引かれたり、押されたり、捻られたり、打たれたり、突かれたりとかといった各種の攻撃を加えられた際、これを腰の捌きによってそっくりそのまま相手に返してやることが合気の真の姿である。この根本思想がなくては指導者としての価値はなく、すべての技に光や品がなくなってしまう。そこに自分の力を加えるということをしないで、相手の攻撃が強ければ強く返り、弱ければ弱く返るということである。それには常に己が万全であり、円転無窮、自在に捌けなくてはならない。

例えば手首を持たれた場合、その勢いをそのまま受けて（吸収）腰を下げて一回転して上げれば自分の力は加えなくてもそのまま相手に返る。あるいは打ってくるものを捌いて自らの手を出していれば、相手は自分の勢いで我が手に当たってその勢いだけの力を受ける。

自らが大力を出して打つことはない。ただし自らは万全の体勢でなくてはならない。

（S46・3・3）

㉒攻撃を流して無力化する

相手　　自分　　攻撃を流して無力化する　　腰はたゆまなく回りながら流す

相手の攻撃を流す基本的な方法である。

十五度の開きで後退して正面へ押し寄せる相手の力を斜めに流して無力化させる。腰はたゆまなく回りながら（身体全体が円く回りながら）流すのである。

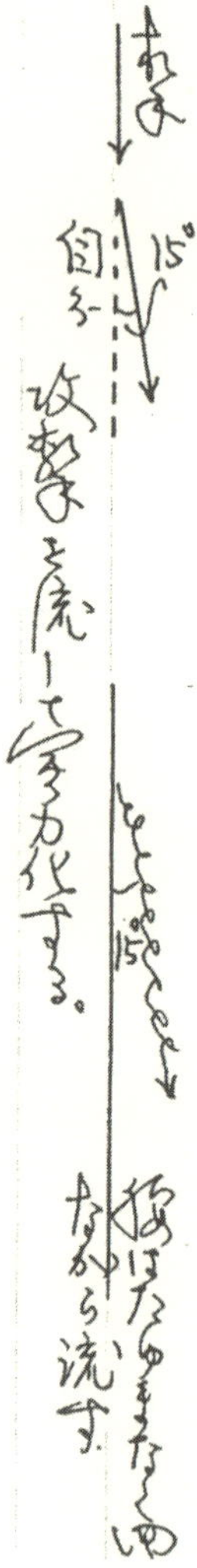

斜め15度後退線のうち下側のもの（縮れ線で描かれたもの）は、腰の回りとともに下がっていることを示している。

攻撃を流して無力化する
（自筆メモより）

自分へ戻す投げ（自筆メモより）

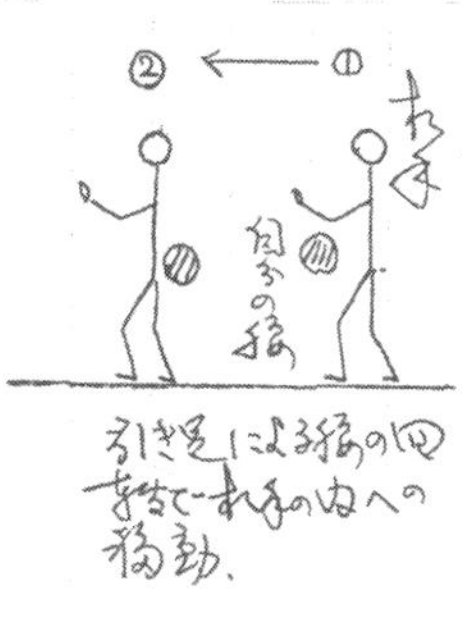

引き足による腰の回転で相手の内への移動

（誘導の投げ）　（引っぱりの投げ）

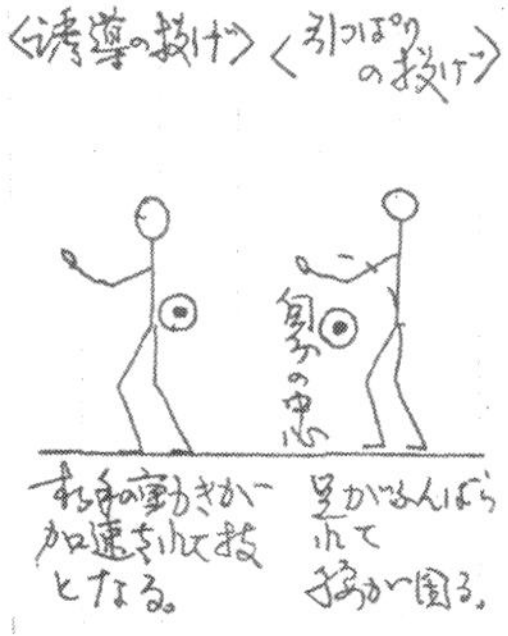

相手の動きが加速されて技となる　　足が踏ん張られて腰が固まる（相手）

真っ直ぐに後退するとそのままの力を受けてしまうことになる。

この変化、応用を常に心掛けること。

回り打ちとの関連性も良く考えること。回り打ちの原理に従って相手の攻撃を流し（円く起動する）相手を自分の渦の中に巻き込んだら（自分の円転のペースに巻き込む）その渦を止めないで（常に円転流転）おれば、いつか相手は破綻をきたして敗れることになる。相手は自ら敗れるのである。

腰回しと一口に言われるが全身各部も円く、円く。

（S44・3・12）

㉓自分へ戻す投げ（自己修正）

自分へ戻す投げ（引きの投げ）↓自己修正

投げを施す場合、自分の前足を腰回しと共に自らの方へ戻す。自分の体勢を万全にするのである。

一種の引き足による投げであるけれども、自己修正的考えに立って体勢を整える心がけが大切である。

引きによる投げは足を踏ん張って腕の力によって引っ張っ

自分の前足を腰回しとともに自らの方へ戻し、自分の体勢を万全にして引き投げ。

て施す場合は腰が固まってしまうものである。腰の自在な、転がすような運動によって相手の中へ入って、相手の方には、無理矢理にやられたような抵抗感のない技でなくてはならない。

相手の動きがこちらの球転によって誘導されて主体性を失って投げられるといったものでなくてはならない。

（S53・5・2）

㉔引いて出る、出て引く

少し引いて大きく出る　（押して来る時）

わずかに引いて　↓　大きく出る

相手が左手で右肩（袖）を取って押してきた時、その勢いをわずかに身体を引いて誘い込むようにして、直ちに身体を半身のまま進み、崩す。

引いて出る、出て引く、のような対の動きは腰の回りの体現の一つ。相手の力に逆らわない、ならば接触の瞬間は相手の力の方向に動くことになるが、“球転”を経た結果の動きはさまざまな方向へ向かう。

例えば左手で右肩（袖）を取って押してきた時、その取ってくる勢いをほんのわずか身体を引いて誘い込むようにして、直ちに身体をその半身のまま進めば、相手の関節は伸びきった状態で腕が真っ直ぐになって大きな力を受けて崩れる。（わが掌を上向けて相手の左手の関節部分を下から支えて関節の機能を封ずる）一挙動の〝引きの出〟である。

無論腰回しによる対応であって、取られた部分は腰の回転の連動に任せねばならないし（その部分を動かそうとしてはならない）、その回転によって相手の腰が上向きに回されて殺されていなくてはならない。

少し出て大きく引く　　　　（引いてくる時）

わずかに出て　↓　大きく引く　　　　一挙動の〝出の引き〟である。

ほんのわずか出てから同時に身体で大きく引く。最初の動きによって相手と合わせること。〝引いて出る〟場合とは少々感じ方が違う。

柔道においては押さば引け、引かば押せよとよく言われるが、上記はもう少し高度な体術での対処である。

引けばそのまま出る、押せば引いて出る等々、その時の相手の動きに応じた即妙の腰回しによって対処することができる。引いて出る場合も、出て引く場合も無論腰の回転なければできないことである。

（S47・2・2）

㉕打ち技

打ち技　（一）打ち取り（引きの合わせ）　押し倒し、引き倒し、三教、四方投
（二）後ろ取り（出の合わせ）

（一）打ち取り　（引きの合わせ）

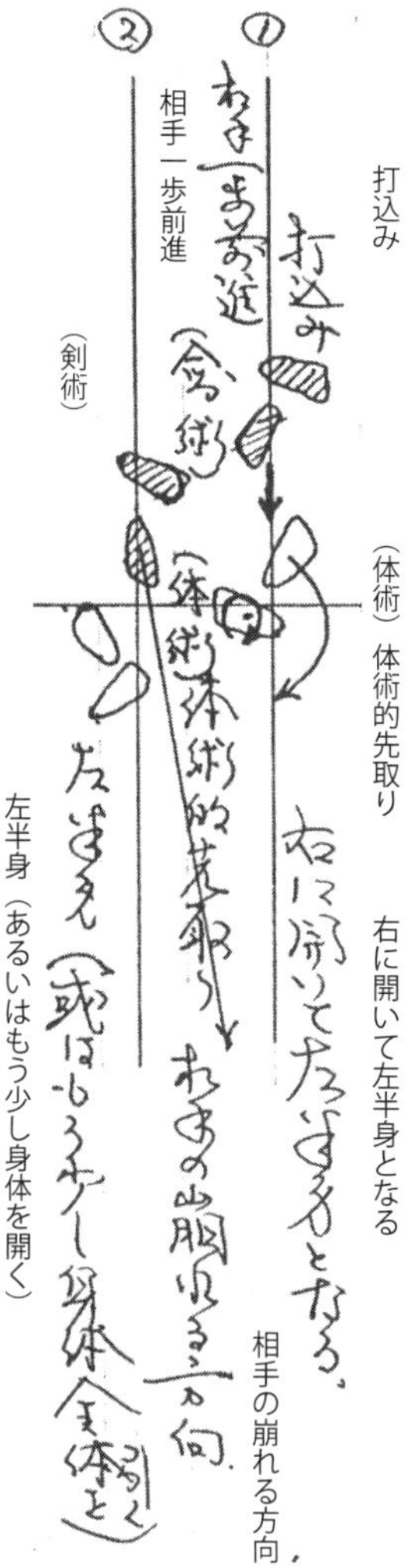

互いに右半身から正面打ち、

（a）相手の右腕を両腕十字叉で誘導する、左手で幾分支える気持ちで下から捉える。

（b）左半身

あるいは右手のみで誘導する。相手の腕を上から捉える。互いに右手が当たり合う瞬間、その相手の勢いに応じて、できるだけ衝突や抵抗の少ないよう、下へ吸い込むように相手を誘導しながら右半身から左半身に開き、相手の打ち込んできた右手を付かず離れずに我が両腕の叉によって10度以上バランスを崩させる。（相手の打ち込む気を我が球転する腰回しによって捌きとり、その右手を我がものとする。打ち込まれたのだが腰回しによって打ち込ませた、即ち相手との一体化）結果相手と逆半身となる。相

正面から打ち下ろしてきた相手の右腕をとらえる瞬間、できるだけ衝突や抵抗の少ないよう、下へ吸い込むように誘導する。

手の崩れが大きければ、泳ぎ傾く。少なくとも安定性のない状態となる。引きの合わせである。この状態を誘導して〝押し倒し〟、四方投げ等に持って行く。

腕を十字に組まないで右↓左半身へ流れに従って開き、右手のみで付かず離れずに斜め下方へ誘導するも可。この時は右腕で相手の右腕を上から捉える。

即ち〝引きの合わせ〟とは相手の気を腰回しによって相手と一体化するのである。そして誘導は手ではできない。腰回しによって腕は動かさず身体全体の動きによって行うのである。

捌いて我がものとした相手の腕の誘導は手先で行なおうとしても、相手との縁が切れてしまってついてこない。やはり腰回しによって接触部分はそのまま動かさず、誘導する方向への身体の回し、前後、

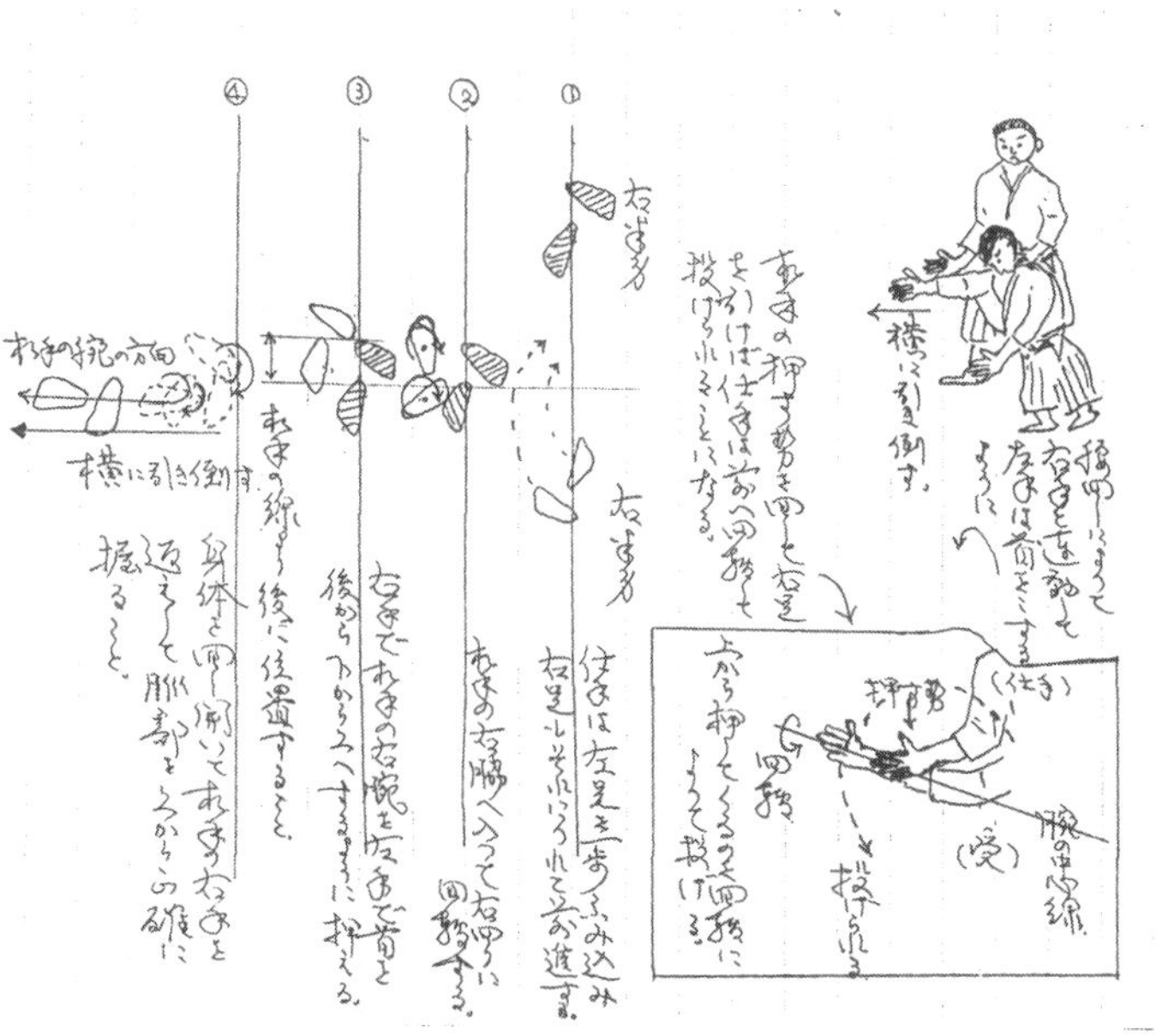

打ち技に対する誘導〈右頁写真参照〉（自筆メモより）

屈伸等身体全体の動きで相手との一体化を失わないように（付かず離れず）しなくてはならない。接触点たる腕を優先すると身体が崩れて球転が欠けることになる。

　打ち技の場合はまず剣術、次に体術に移って行く。打ってくるものを、その気を腰回しでとって捌き腕で受けるところまでは剣術、（心術→合気→剣術）、受けて、付かず離れず（相手と一体となり接触部分を動かさず腰回りによってピクッという緊張、崩れを与える）いわゆる体術と剣術との接触点から、それを身体、腰回しによって技とする体術へと移って行くのである。（体術的先取り）、それだのに最後の体術の技のみを行わんとして、その前段階にあるものを無視することがあるので注意が必要である。この体術的先取りによって相手に無限大の力を与えて、ほとんど無抵抗に技を施すことができるのである。

(二) 後ろ取り (出の合わせ)

打ち技の誘導を〝引きの合わせ〟とするならば、次に打ち合う呼吸は同様で、当たる瞬間に衝撃のないように相手と一体となり、相手の右脇へ入り込み(左足を相手の右脇後ろへ踏み込み)右へ回って相手と同方向を向き右の手で相手の打ち手(右手)を上からおさえ(捉える意)他の手(左)を相手の首の後ろへかける。〝出のあわせ〟である。

仕手は左手を中心にして右足を引いて右手を誘導しながら相手の右手首の脈部方向から取り、横に引いて、相手は捨て受け。仕手は左膝を背中に、右膝を立て相手の右手を引き上げて右膝にかけて極める。押さえる時、手ではなく腰回しを伴った身体全体の屈身によらねば最大の効果は得られない。

〝引きの合わせ〟においてただ単に足を引き身体を開いたのではそのまま打ち込まれてしまうし、〝出のあわせ〟でもこちらの動きについてこられてしまう。

相手の気と自分の意による腰回しなくしての捌きはあらゆる場合に間違いである。

意による腰回しの重要性を持ち技においても打ち技においても良く意識して稽古しなくてはならない。

(S47・2・8)

㉖引く引かずの打ち(引き入り身)

(一挙動の打ち)

腰の回転による引き足による半身の入れ替わり、中心をはずして引き込む。球転による沈みから立ち上がりつつ逆半身で継ぎ足で前進して左手で打ち込む。

前後左右、前進、後退、左右の開き等に変化させた一挙動の打ちの稽古をすること。

●逆シモク

逆シモクに踏んで上下の引く引かずでの入り身（入れ違い）

身体の沈みによる入れ違い。

相手の打ち込みに対し、右半身から左半身に入れ替わり変化して入り身し、左手で打ち込む〟。バラバラで手前勝手な入れ替わりだと、半身から半身への変化の中途、正面になる瞬間など、狙い打たれる瞬間が生じる。足で体を運ぶのでなく、腰の回り、すなわち〝回転〟によってこそ、一挙動の身捌きとなる。

相手との一体化を同時に得ていなくてはならない。（S53・4）

腰の球転による一挙動の打ち。
身体を沈めることによる間の変化。即ち上下による相手との一体化を伴う入れ違いを習得すること。

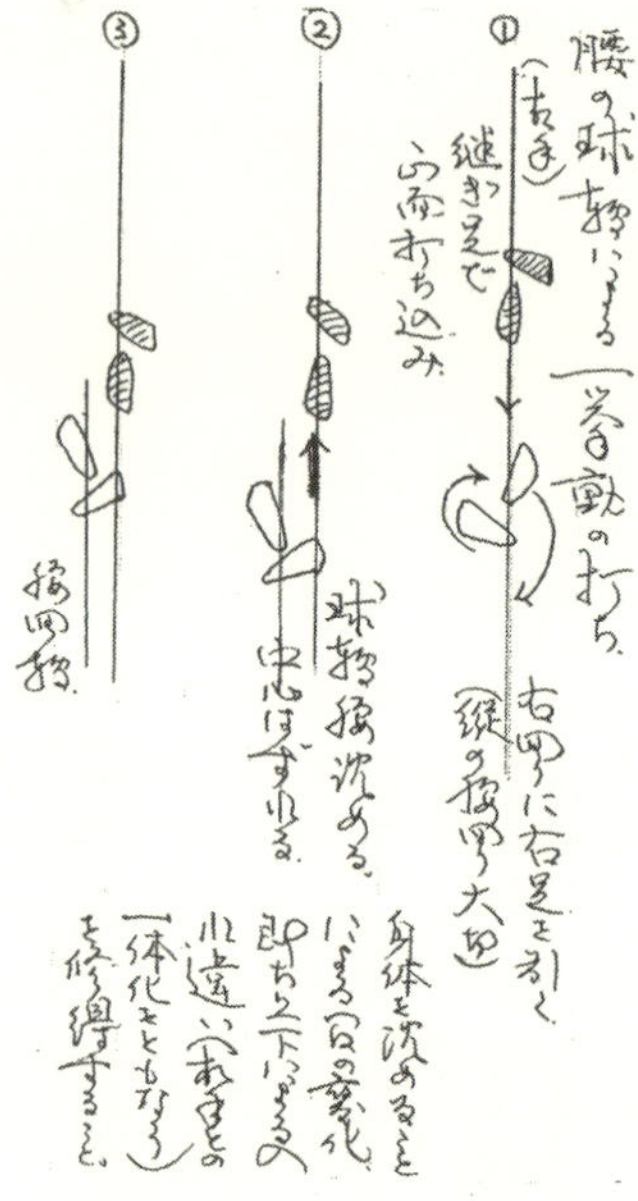

引く引かずの打ち（自筆メモより）

㉗ 浮沈と虚実と打ち場（第二教習）

●勝負太刀としての打ち場

相手が間をつめて来て打つ時は、必ずまず沈んで体勢を充実させて浮いて打って来るものである。しかし相手の立場に立って考えて見ると、沈んだ時が虚で浮いて斬ってくる時が実のように認識している。こちらの打ち場としては相手が沈みきった時と言える。

しかしこの沈みきった時を打とうとして狙っても既に遅れとなってしまうものである。即ち見て判断して、という思考が入った行動では、これは打ち得ない。これを打つには自分が常に万全の体勢をとっていることが必要である。そしてこの状態に相手がなった時にちょうど打っていなければならない。これは円転無窮の腰回しによる、思わざるから出るものでなくては打てないのである。

●出鼻打ち

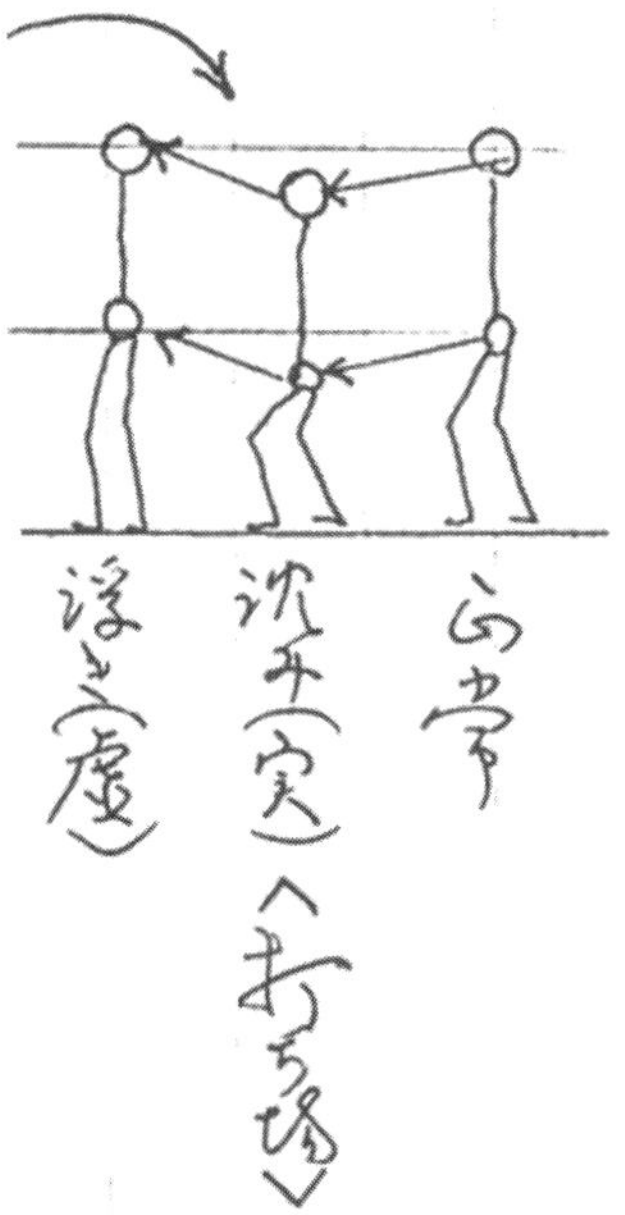

浮沈と虚実と打ち場（自筆メモより）

踏み込んで沈んだ瞬間、相手の身は“実”となっている。しかし相手にとっては振りかぶった、打つ直前の瞬間であり、“虚”であるように認識している。この瞬間にこそ打ち込みたい。
しかし、視覚判断でここを狙っても実際には間に合わない。思っては間に合わないのだ。
ゆえに、何をもって打ち出るか？　それは自在かつ節目のない腰回しを無為に起動するほかない。腰の回りによらずば、それはイチかバチかの賭けになる。

（〝尽きたるを打つ〞場合にも拡大解釈できる）

●入り身打ち

例えば入り身の打ちにおいては間をつめて相手に打たせて（先を取る）その相手の打ちを縦の腰回しで飲み込んで、腰の球転によって飲み込んで、それと同時に一挙動で打つと、ちょうど相手の打ちの尽きたところ（沈んだところ）へ同じ拍子で打ち込む結果となる。相手の一動に対してこちらは一挙動の二動で対する。

●第二教習

第二教習を一挙動の球転による打ちと考えると、前記の尽きたるを打つと同様と考えて良い。即ち第一動で第一の相手の攻撃を捌き第二の相手を攻撃して、一挙動の戻る腰回しで第一の相手を攻撃すればちょうど前記と同じ尽きたるを打つことになる。

円乱取りの稽古の時。あまりこの問題にこだわり、無理に活用しようとすると打ち合いに終始してしまうことになってしまって、本来の円乱取りの稽古にならなくなってしまうので注意しなくてはならない。円乱取りの時、一つの動きの終わりとして沈み込んだとき、瞬間それを延長して技とすることができる。これは出鼻と言うよりもむしろ尽きたるを利用するという感強し。相手を浮かしてそれが沈む瞬間『出鼻』を技とする場合と対比して研究のこと。

●九地に潜んで九天に昇る

入り身の突きも自然の上りによる　　　　摺り上げ技

●足五寸踏み出せば腰二寸下がる

相手が大上段から打ち下ろすとき、こちらは右足出して腰が下がって継ぎ足で左足を引き付ける時に腰が上がる。この腰が上がって行くとき剣が自然に上がって摺り上げとなる。左足を継ぎ足で出すときには、剣は自然に上がるものであり無理に腕で上げるものではない。

（S53・4・4）

㉘浮きの突き　出る気を見せぬこと

互いに間合いをつめて行く時、見切り場において攻撃に出ようとする時、その瞬間には一度身体を沈ませる場合が多い。（あるいは出る気を見せる場合）。

そして身体が浮きながら攻撃手が出て来るわけであるが、この沈んで浮き上がる瞬間に足を二寸ほど中心に寄せつつ左右いずれかの手を相手の喉元に差し出しつつ小幅に前進すると…相手は出る気を見せて沈み（一種の準備運動）次いで浮き上がりつつ出る所を、こちらは無から突然出る（準備なし）…何もなされなければ上がる手も、こちらの差し出された手が目に写るため、本能的に萎縮して上がらず、自然、身体も上に伸びたまま、出るに出られずノケゾッて突きを受けることになる。

●出る気をみせぬこと

相手と相対して間合いを狭め見切り場において打ち、突きを発するわけであるが、その出る呼吸（気）を相手に見せてはならない。あたかも無から忽然と発するがごときものでなくてはならない。

（S46・3・3）

二回の腰回しによる崩し〈45度〈写真2〉＋45度〈写真3〉〉。往復運動系ならば、ある動作を行なって↓戻して↓もう一度行なう、となるが、それでは相手に差し戻されてしまう。腰回しの回転系ゆえにあたかも一動作かのように節目なく連ねていける。

注：45 度というのは体動の程度ではなく、あくまで内部の " 腰回し " の程度のこと。

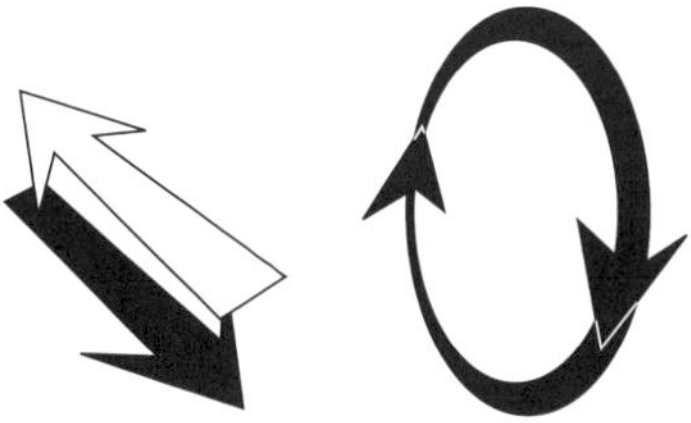

端緒で止まらざるを得なくなる往復系運動に対して、回転系運動は異方向の運動が途切れなく連なる。

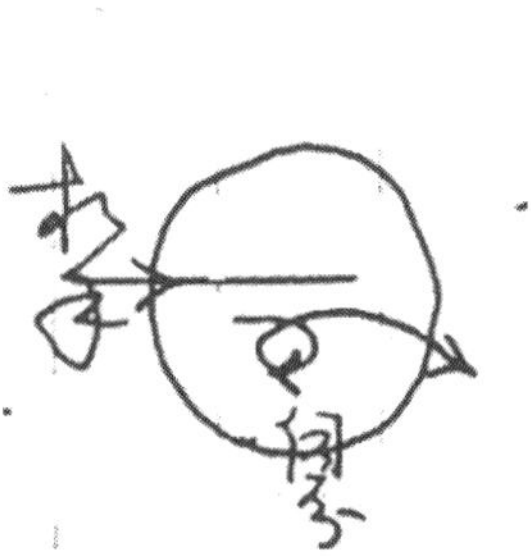

引き足捌き（自筆メモより）

㉙引き足捌き

腰回しで一回引いてもう一度腰回しをして引くことによって投げとなる。（45度ずつ二回の崩しで90度→投げとなる）

引き足捌き（相手に合わせた自然の腰回しによる引き・・円和）で相手を浮かせる。

●相手との一体化

千鳥掛けも腰回しによる捌きによって相手を浮かせる。

相手の動きに調和した腰回しによる引き、この腰回しによる引きは、引きではなく進みである。（退く気ではない）

腰の球転運動は全部表であって戻りのない運動であり常に攻撃なのである。全部行きっぱなしで戻りはない。無論無条件、無制限に行きっぱなしというのではなく、球転によって次へ変化して尽きることはない。体術はこれに尽きるものである。

引き足二回（二回の腰回し）による投げ、多数に対する時に周りを視界に入れながら技を施すことができる。

（S52・11・15）

打ちの連続。第一の打ちを90度の腰回しで入れ（写真2）、第二の打ちを30度の腰回しで入れる（写真4）。平井師は一つの打ちを、必ず次に連続して打てる態勢で終えよ、と教えた。

注：90度、30度というのは打ちの物理的角度ではなく、あくまで内部の“腰回し”の程度のこと。

㉚裏打ち（第二の打ち）

裏打ち（第二の打ち）　大小二回の打ち　（体術）

互いに打ち合ったとき、当方は例えば90度の腰回しで打ったとすると、もう一度さらに30度位の腰回しで第二の打ちを側面（外側）から入れる。（第一の打ちが45度ならば第二の打ちは15度という割合で必ず腰回しで打つ）第二の打ちの時正面へ（内側）入ると咄嗟に相手が突きを入れる恐れがあるから必ず側面へ入らなければならない。常に腰回し（大）によって打って再度腰回し（小）によってもう一度側面へ打ち込む。腰回しは稽古の時には大きく行うが、実際の場合には身体の硬直等によって半分〜三分の一にもならない小さなものになってしまうものである。故に稽古の時にはできるだけ大きな腰まわしで練習する必要がある。

（S53・7・4）

㉛スピードを回転で捌く

二間もの距離を飛び込んで打ち、突きをして来る相手の勢いというものは、相手自身には大変早いように感じているけれども、実はさほど早いものではなく、それを円い腰回しで捌いて取ればいかにもゆっくりと行えるものである。これは抜けているということの重要さにあるのである。

ほんの少しの動きによって制し得る。ゆっくりと片付くわけである。

腰は球となって浮き身になって二本の足に支えられ、その上に二本の腕を持っている人間の身体は、

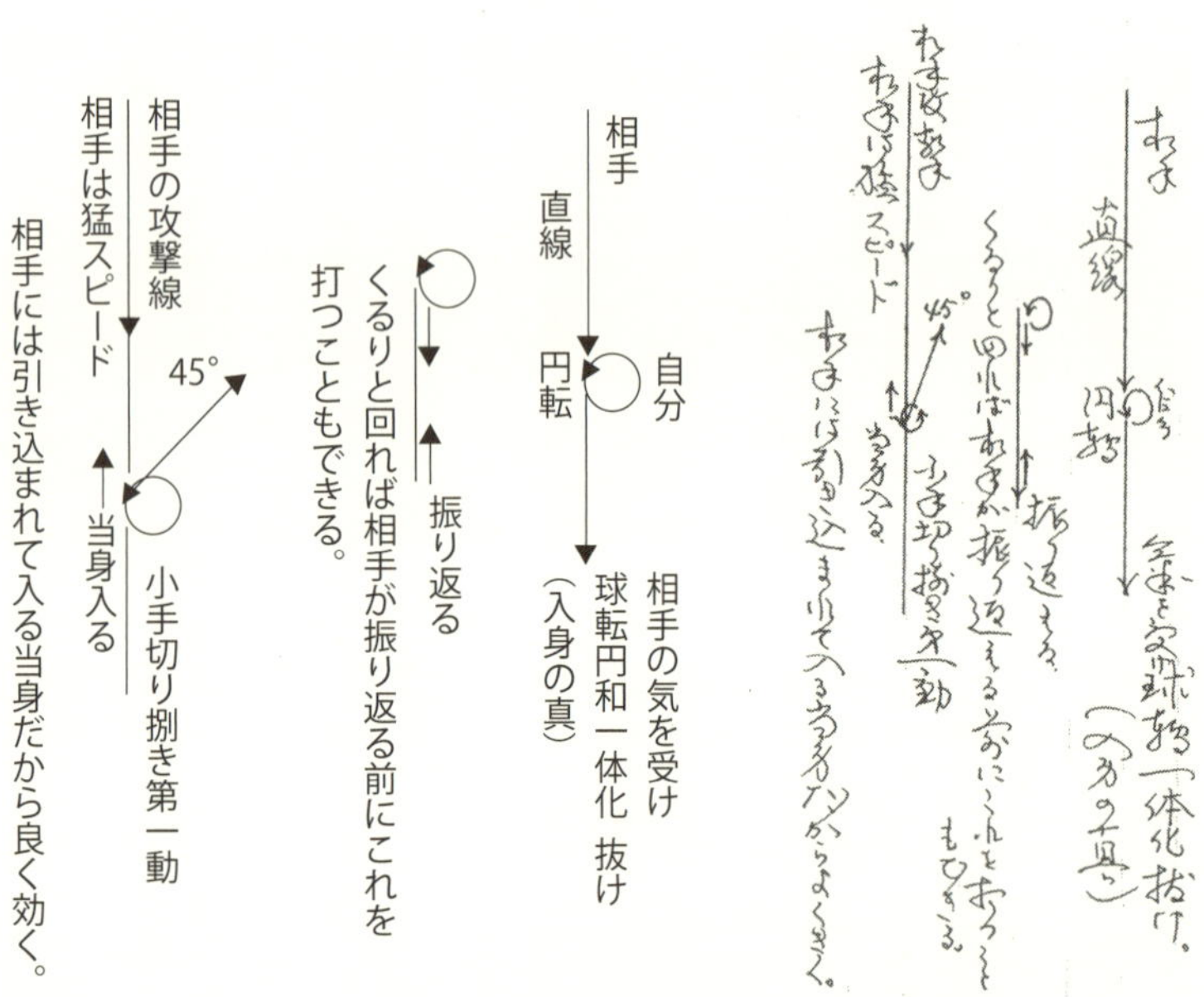

スピードを回転で捌く　　（自筆メモより）

相手の突きに対して右斜め45°方向に出つつ左でカウンターの当てを入れる。斜めに出たから相手の突きをはずせた、ように見えるが、その実は、腰の回りによって突きがはずせたから、進み出られる、というところがポイント。

指三本を束ねての突き。平井師は、「拳は使うな」と説いた。

足の前後、左右への進み、上下の屈伸によって球転する腰を運ぶという大変複雑な運動となり、直線では絶対に対抗できるものではないのである。また球の運動に表裏はなく常に表となって間断ない攻撃となる。

（S49・7・2）

㉜喉、水月の突き

三本の指を束ねて使うこと。掌を返しながら突くこと。

即ち腰回りで突くこと。引きは自然に出る。当方の腰回しに相手が乗って来るものに応じてポンと合わせる呼吸。

（S53・6・5）

㉝白刃取り

白刃取りとは受け渡させるのであって無理に取るのではない。

武器を持つ手を伸ばさせながら、を外回りに回してやれば自然に取れる。

白刃取りでも、その取ったという所作に惑わされず、その前に勝負所（即ち理）のあることを見落としてはならない。

（S45・5・21）

㉞指を開くこと

腰回しの時両手の指を開くことによって体の動きが自由になる。ただし緊張のため固くなってはならない。

㉟実戦の稽古　立木打ち登山

木刀を腰回しによって山を（林の中）ある目標に向かって真っ直ぐに登りながら立木を打ち、あるいは太い樹にぶつかれば体当たりをし、あらゆる条件に対して調和のとれた腰回しによる素振りと打ちの稽古によって実戦に似た稽古をし得る。

（S62・2・7）

㊱柔らかい

円転無窮、そして柔らかいことが大切である。柔らかいのは、それなりに、例えばゴムまりはゴムまりなりに、人間は人間なりに柔らかいことが大切である。

（S60・2・19）

円転は一見遅いようで、角度のスピードは何よりも早い。"角度"こそが技となる。

㊲円転は一番早い

円転は一見遅いようであるが、それが当たる瞬間における角度のスピードは何よりも早いものである。

（S60・2・19）

㊳剣道との対応

剣道と仕合う時には、静止してから開始すると敗れとなる。

剣道の方が早い。グッと足を踏ん張って出ることになってしまう。行動の途中において腰回しで振る剣によって対応しなければならない。

（S62・11・3）

㊴拳突き

拳で力んで打ち突きする場合には、最初にどうしても引きが出る。起こりに欠点が出るので、腰回し専一の突きとしなければならない。

（H1・3・5）

㊵ 柔軟性

各関節、指先までの全関節を柔らかくスムーズにして、その人なりに腰を中心として円く（球）動く。

（H2・3・4）

㊶ 円の帰納性

円の帰納性　円和による中心帰納の腰回りを理解体得すること。

（H2・3・4）

㊷ 法は技よりも高度

法は真理であり不変自然であり、技（人為）とは比較にならぬ程高度のものである。
指導する時は理のあることを知らせて修練させなければならない。

（S45・8・19）

㊸ 合気の構え

合気の構えは腰の構えを現わしている。攻撃されたときには攻めに変わっている。受けではない。

座りでも腰を二度回して沈みをかけると体捌き一回りした形で出てくる。ダブル腰で動く。（S63・3・6）

㊹ 袋竹刀

袋竹刀による稽古は腰回しによる打ちによらなければ打てないため非常に良い稽古になる。この稽古を十分にすれば、木刀の稽古は本当に楽になるものである。（S53・7・17）

㊺ 腰で見る

相手の動きを腰で見るとは、相手の動きに対してこちらの腰回しで自在に応ずることである。まず第一に腰回りで反応することである。円転無窮の腰回しと同義である。（S49・7・4）

㊻ 戻る技

技として戻る技を乱取りに取り入れると技が多彩となる。

相手が攻撃してきた方向へ腰回しで一体化して元の方向へ施す技。

あらゆる場合、行動の方向が変わる時、決してへの字形やV字形のように折り曲げるような屈折をさせるのではなく、屈折点において余裕のある腰回りによる相互の一体化を伴った自由な立体的回転がな

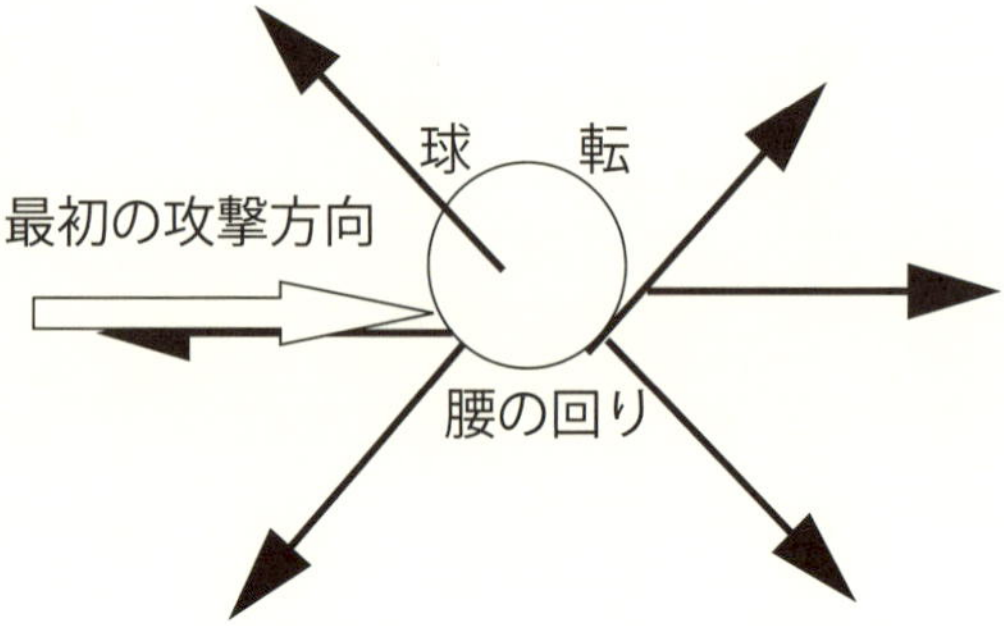

運動は球転を経るとあらゆる方向へ自在に変化する。

くてはならない。最初の方向は腰回りに吸収されてその流れの方向を無対立のうちに変化させていくのである。

戻る技と言われるものは来た方向へ返った姿となった場合を指すが、これは一般的な方向転換の一表現にすぎない。決して特殊な技として認識してはならないのである。

あらゆる行動は腰回りの表現であるという観点から考えれば、上記のような極端な直線的動きではなく連続的変化の中で細部を観察すると各所で和合の働きが現れて柔らかい曲線的な動きとなって表現されるわけである。

（S49・7・4）

㊼ 球に上下、表裏なし

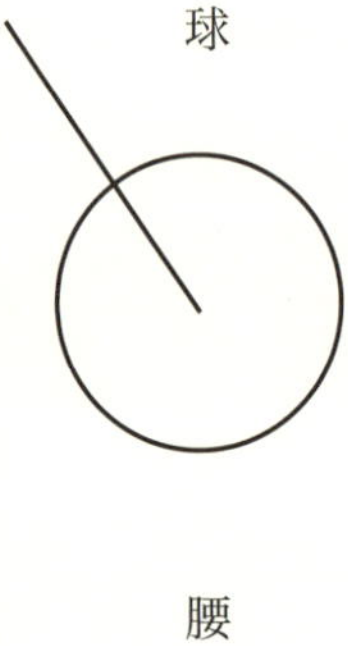

芯…真理…内に隠れて外からは見えない。
運動する球には上下、表裏の区別はない。

（S53・10・4）

「第三章　円・球の身体性」総括

平井先生の講義より
「真理　円転無窮」（昭和58年4月19日）抄

手がパッと行き合った時に腰の下への沈み加減で体勢がサッと変わって相手が乗って変化する。この対応はその出合のし方によって様々な形となって現れるけれども、これはこう来たからこうやろう、あー来たからあーやるように対応を考えて行なった技だと思ってはいけない。

背の低い人と背の高い人とではその対応に違いが出てくるが、これは腰の回し方伸縮で、腰の回りの円を大きくしたり小さくしたりすればよろしい。相手によって対処する場合によって腰の回り方というものは違ってくるものであるから、甲乙丙という違った相手に対する時、腰の回りは必然的に考えずに変わってくる。自分と相手の距離は強いて間を測定しなくても十分腰の回ることさえやっておけば測定は実は過ちなく行くものである。相手によって間をとり込む、測ってやるというのではなく腰の捌きができるようになると自然に測れるようになっているものである。

しかし体捌きに誤謬（びゅう）があるというような腰回しに疑惑を持つと、その時点から自然の対応ができなくなってしまう。

体捌きに技法はないのである。あるとすればそれは円をどうするかということのみで、それ以上の疑問を持ってはならないのである。こう来たらどうしようと疑問をもって知恵を絞って考えてやりだすとそれから先は体捌きではなくなり（腰回りでの対応ではなくなり）、型取りとなってしまう。

立体球の角度は無限数なのであるからそれを一つひとつ形をとることということはドダイ無理な話なのである。無数の角度の理（球転の理）を唱えながらその一つひとつの形態をとってあーしたこーしたこれが良いあれが良いなどというものがもうすでに迷い間違いなのである。球の理を丸飲みにして球の理がすべてであるという神意に入る。そしてそれを表現して出したり引いたりする。それが一番大切なのである。

方便法としてはどれが良いだろうかということはよく考え研究しなくてはならないけれども、方便法が誠になってしまうとそれはもう兵法ではなく見世物となってしまう。

方便法は方便法ですぐ元の球の理に戻ってしまう。いわゆる数のない角度、角度が数で規定できない角度を自分の呼吸、発する呼吸から自然に出てしかも自然にスーと集約されて元に戻るような境地でやる。そうすると実際に相対した時になるとこうやったら良いだろうか、あーやったら良いだろうかというような打算比較、考えることがなくなる。これが一番大切なのである。これを何年も何年もやる間にできるようになり、ある程度できるようになるとそうすることが道に適ったことであると考えるようになる。兵法、武道というものはこういう素直なものである。勝敗を超越してしまったものが、そういう形を作っただけのものだということである。

球の理、円転無窮の体捌きの理をスーと飲み込んでしまってパーッと表現し、方便法はあってもそれは飲み込んでしまえば技が健やかに人の見た目にも毒気のない表現ができるようになる。

第四章

〝ぶつからない〟ための意念

意念と身体の連関

前章でテーマとした「腰の回り」、これを実現するためには、多くの方はまずは「丸く動こう」あるいは「回転しよう」と考えるのではないかと思います。

しかしここに一つ落とし穴があります。「丸く動こう」という自らの考え、意図は作為そのものであり、これだけで結果として相手とのぶつかりが生じてしまうのです。

前章で述べたように、そもそも〝球〟は「丸く動こう」と意図せずとも、自然に相手の力に添って丸く動くのです。すなわち無意識の境地、それが真の「腰の回り」です。相手の動きに応じて、無意識に回ってしまっていた、ということでなければならないのです。

意念は身体に直接的に影響を及ぼします。「○○をイメージするとそのように上手く動ける」…ような経験は、誰もがしているのではありませんか。

しかし、武術で目指すのは〝無意識〟です。これは多くの流派で、「無我」「無私」といった言葉で追究されてきたことでした。「我が身を護りたい」「私の方が強い」などという風に〝我〟があれば、居着きや〝ぶつかり〟につながり、相手にとらえられてしまいます。かといって、敵と相対するような場面で「無我」の境地でいる、というのが至難の業であることも事実でした。それは当然です。

人によっては「禅」の中に、そのための糸口を求めました。どんな時でも「無我」でいられたような人は、〝達人〟クラスと言っていいでしょう。

命のやり取りをするような場面で「無我」でいる、などとは、もはや悟りの境地です。実は、平井先生がその体現者でした。

一般に「強い人」というもののイメージは、眼光鋭く、対峙するだけで気圧(けお)されてしまう、そんな感じではないかと思います。

でも合気道は違うのです。こちらを圧するでもなく、引くでもなく、ただそこに自然にある。まさに水が自然にそこに湛えられているように、ただ、静かに、在る。

「見るのでなく、写すのだ」というのは、第一章でも触れた、平井先生の言葉でした。見るだけでもそれは作為、そうではなく、水面のように写すのです。でなければ、写らないのです。

理想として掲げてきた「腰の回り」「球転」は、単に身体を上手に丸く動かそうとするだけでは実現しません。ここには意念が必要であり、別の言い方をすれば、「腰の回り」や「球転」とは、何を思うか、思わないか、といった領域をも含み示していた言葉だった訳です。

本章では「腰の回り」を真に実現する〝意念要素〟に関する、さまざまな言葉をご紹介していきます。

❶ 勝負の時の技

すべて技というものは真の勝負の時には大きな投げ技のような形として表現されるものではなく、平素の円転する腰回しの修練が瞬間のうちに打ちや突きとなって表現されるものである。無意識のうちに出るものなのである。平素の腰回しの稽古を怠りなくしていないと、真の技が無意識には出てこない。

（S53・7・17）

❷ 自我を捨てて球理に従う

自分の持てる腕力、体力をできるだけ捨てきることによって、理に合った体の捌きに則った変化が得られる。円転無窮の腰回しによらなければならない。この考え方で稽古を重ねることが大切である。何かを得んとすると今まで自在に捌き得ていたものが自我のために、自分の持てる腕力や体力をもってそれに対処しようとする。そうするとその時に円転を欠き崩れとなる。即ち不完全な捌きとなって体勢を悪化させるのである。

あくまでも自分を捨てきって球転の理に従うことによって、瞬間的に自分の持てるものが自然に出て威大な瞬発力、破壊力を発するのである。

例えば意識的に全身の力を込めて突くよりも球転の理に適った腰捌きの内から発せられた腰回しによる〝当て〟の方が強力な効果がある。体勢は万全で崩れがなく円く回った〝一体化による引きの当て〟になる。

（S52・9・21）

自我を捨てなければ球理に添えない。「腕力によらねば相手を崩せない」、そう思い込んでいた自我を捨てた時、技が表出する。

❸目は写すものなり

目は見るものにあらずして写すものである。自然に生まれながらに与えられた視界全体を平らかに（平等に）写し感じ取るべきものである。

武道は一瞬の内に生命を賭するものであるから、ある一つのことに感覚を集中して知恵をはたらかせ、判断して行動するがごとき態度は常に戒めて素目（写す目）素耳（総耳）素っ裸でなくてはならない。

特定の物を見るとそこにその時々の判断が生まれるのと同時に、その物、その面に意識が集中して、その面以外は全くの隙だらけとなってしまう。

〝写しとる〟ということと〝凝視〟、即ち暗闇で物を見ようとして目を凝らすがごとく、ある一つのものに全神経を集中して見るということが同時になされて表裏一体とならねばならない。写すことによってある物の姿、その動きといった外形のみならず、写すことによって感じうるすべてのことを感じ取らねばならない。これは耳においても同様で〝総耳〟となって、耳に入るすべての物音を平らかに受け入れるという態度でなくてはならない。

武道では形に現れたものや、触れて感ずるものだけに重点をおいてはならない。目から入る（耳から入る）見えざるものに感じて対処して行くことが大切である。写して行動していると相手の動きが大変緩やかに感ぜられる。そして自らは瞬間的に起こりなく、自然に思わず出るものになる。自然に動ける。その時腰の円転が具合良く身体が捌けて開かれている。

写す目の時は自らが死生の一線を一歩踏み越え、凌駕していて神がかりとなっていて、目で見て対処

武道ではすべての情報を受容しなければならない。だから、偏りをもって見てはならない。気になるものは見たくなる。しかし……

写る目をもってスッと出ると、相手は打たざるを得なくなる

している者よりも一段上の境地に立った行動となる。

写しつつ体捌きが現れれば視界は回転して後方の敵も感じとれる。複数にも対処し得る。写す目で対処してスッと出ると相手は（単数、複数を問わず）思わず打ってくる（打たざるを得なくなる）。その時スッと出れば相手の内に入っている。思わざるで勝つ。写す目で対していれば、パッと打ってくる籠手打ちは、自然にスッと出ると必ずはずれてしまう。飛び上がって打ってきたり、足で大きく蹴って来るような場合も同様である。

武道は一瞬の内に生死を決し、やり直しはきかない。ある物事に意識が集中した瞬間は隙だらけで〝死に体〟である。外形のみでなくその本質を感じ取ることが武道において一瞬をゆるがせにしないことであり、同時に技などを写し盗る（盗む）ことでもある。

武道は自分の範囲、領分の中において球転、流転することによって表現する。体術がその根本であり、その範囲をいささかでも拡大するすべとして、剣、杖などを認識して根本を忘れてはならない。その意味で手を握って拳として行動することは、せっかくの自分の世界を縮小してしまうことになる。

型や乱取り等は接触して腰回りから出た表現を習うことであり、真の腰回りの稽古は、自分一人の相手なしの体捌きの稽古にあるのである。

武道は一瞬に生死を分かつものであるから、技の数を追い求めることなく、思わずして出るものによって勝負を決すべし。技数は少なく容易なものが最も良い。

円の帰納性を理解体得すること。

指捌き、手捌きから、手首捌きから肩の円い捌きに連動して行く、無論腰回りが原動力でなくては無意味である。

見ると判断が生まれて知恵が働く。目は聴覚、触覚とともに空間を隔てて外界を認識できるものである。

（S63・5・7）

❹目付、瞬きするべからず

目は見るものにあらず写すものである。

瞼を動かす内に体型が崩れる。力も動作も変わってくる。崩れて斬ると当たって斬らずということになる。

瞬間相手に接触するときに気を合わせる。相手は取った（手首等を）のではなく、提供したことになる。

瞬きは死眼である。

人の打つ剣は早きものにあらず、打つ気で打った時には止まっている。瞬きしながら打っている。出鼻を打とうとしても打てるものではない。瞬きをしないときはいつ打っても良い。

剣道の高段者と立ち会ったときは一服しても間に合う感じであった。来る剣が見えた。（大先生のお話）ちょうど夫婦喧嘩の叩き合いのようなもので、「行くぞ！！」と断ってからパチンとやっているようなものである。

合気の構えは攻撃されたときにはもう攻めに回っている。受けではない。目付に注意して瞬きをしてはならない。それだけで多くの技を学ばなくてもかなりのことをやっていることになる。

現在目付を教える武術がなくなってしまっている。柳生流でもこれには触れていない。相手と接触する神秘的な部分を一つも教えていない。心を空ろにして云々という教えもあるが、空ろではまずい。拍子をとることも目くらましで意識的にやっている場合もある。

雷が鳴っても瞬きしない訓練が必要で、これは極意なのである。円く打つのは動作としては遅くなるが目付で（瞬きしない）早くしているのである。このような基本的なことを忘れてはならない。目付ができるとドジョウが入るような感じでするりと入れる。目は鏡として認識することが大切である。見て知って覚えてというような複雑なことにしない方が良い。

心の技を云々する者はなにをもってするのか。実際に試してもみないで気の問題を論ずる者が多い。体捌きを間違えなければ、剣、杖、槍、何にでも通用するのである。

（S63・3・6）

❺ 動的無　思わざる

静的無は死物である。

世界現在は時々刻々、生成発展、変化進化の連続である。その意味においても〝動的無〟を把握しなくてはならない。

双方相対して構え進む場合に、お互いに相手を打とう、突こう等の〝思い〟があって当然である。そしてそれで良いのである。ところがそれが行動に転化するとき、その瞬間においてその行動が、思わざるものから発したものである場合に、これを〝動的無の境地〟と言う。

これがことに臨んで最も適確な行動となるのである。このような〝思わざる〟から出る〝無〟の動きが、そのような世界があるということを知っていなくてはならない。そしてこの境地の体得を心掛けなければならない。

何ものもない静的な無、そしてそれを、その無を得れば勝ちを得られると思うということは、勝ちを得んとするための手段となり、これは無と言いつつも勝ちを得んとする〝思い〟の行動であって無意味である。

〝思い〟とは男女間で視線が合うだけで好き合うというがごとき、動物的な思考の入る余地のない世界であり、科学とは無縁の世界の出来事である。

鏡に写る姿はこちらが鏡の前に立ったから写るのであり、こちらが動くから写った姿がそれにつれて動く。光に速度があるならば、当然こちらが動くから像が動き、こちらより像の方が後ということになるけれども、こちらも鏡に写ろうという思いもなく、瞬時に適切な姿を写し出し動きをなす。思いをさし挟む間もなければ意志もないが結果は正しい。

勝負の世界では、この〝動的な無〟、即ち〝思わざる〟動き、これが結論として勝ちを制することになる。しかし勝ちを得ようとするための〝無〟は勝とうという思いがあるため死物となる。

（S54・4・17）

❻ 無意識自然な発動（起こり）無対立円和

・無意識自然な発動

いつどこから始まったか分からないような、いつどこからともなくごく自然にフワーと静かに吐く息のごとく全く途切れや力みのない始動が武道において最も大切である。無意識自然の発動こそが真の起こりでなくてはならない。対立のない円和一元、調和こそ光輪洞合気道である。

吐く息、吸う息（陰陽、虚実）が糾（あざな）える縄のごとく調和するということによって無意識になって、息の出入りは全く感ぜられない状況になる。このような自然な起こりが体験的にあるのだということを知って、その心境に近づくための修養が大切である。

技に重点を置くと打って打つことによって、少しでも多く打つことによって勝ち負けを決めるという段階に留まってしまう。

即ち鼻先だけでも早くテープを切れば勝ちという技が戯となってしまうという悲劇を生むことになる。光輪洞合氣道ではこのような低位に留まることなくもっと高い境地があるという日本伝の武道を求めることが目標でなくてはならない。

相手と相対した時、互いに構え合う、この構え自体が対立であり調和とは相反する。この相反するものをいかにして調和の境地とするかが修養の目標である。対立した意識では心身共に固まり円転無窮の動き即ち柔（やわら）とは成り難い。相手と和する心境、無対立、円和が柔らの本質なのである。

相手との一体感の感得がなくてはならない。常にこのような境地のあることを信じて行ずることが修行である。

●日本伝武道

武道は実地の場において死生を決断するものである。技のみの大技、早業は日本伝武道の境地から出た者には即座に敗れる。このような無心自然の起こりというものは幽玄の世界であり、心と現実との間の瞬間の問題であって、これを技術で解決しようと思っても無駄、無理なのである。これは円和一元、円転無窮の思想のもとにおいて、練りにねって到達できる境地なのである。

（S60・12・31）

❼無心と虚心

●無心

動きに思考が働かないこと

内部は充実していて、決して無気力、空虚ということではない。

●虚心

あーしよう、こーしようというような思考の入った行動。

誤った心。

（S49・3・13）

●技に偏るな

型どりの時にはスムーズにできても、乱取りとなるとスムーズにできないのは意識的に技に偏るからである。

である。

ある行動をしようとしてしたのではなくて、そうなったこと（思わざる）を重要視しなくてはならない。

（S62・2・7）

“技”を思って為せばぶつかりが生じ、立ち行かなくなる。思わずして為したものこそが“技”になる。

●技の数を追うことなかれ

武道は一瞬のうちに生死を分かつものであるから、技の数を追い求めることなく、思わずして出るものによって勝負を決すべし。技数は少なく、容易なものが最も良い。

（H2・3・4）

●事後のハッとになりたい

正面打ちの例

互いに正眼で進み合って相手に応じて無心にパッと正面を打ったとする。この時相手の面を打とうとすることが目的即ち自分の打つ手が相手の面に到達することが目的となっているのではなく、パッと無心にある空間を振り下ろしたのである。

そしてその手が結果的に相手の眼に写りノケゾッてあるいは面を打たれ倒れたのである。結果としては正面打ちであるが打った後で面打ちをしたことを理解するのであって決して最初から機を見て面を打つことを目的として面を打ったものであってはならないのである。

あるいはこう来るなと思い相手のその形に対処しようとして（判断　智の働き）行なった行動であってはならないのである。

そのような対処には相手が虚心ならばこちらの動きに応じ敗られてしまう。決して何かを目的として行動してはならない。実体（相手）を見て頭で解釈したところに間違いが起こる。このような時（ここぞと思ってやった時）物と自分が別々になってしまう。（物…打つ手であったり剣や杖等の得物）

（S56・5・26）

❽想いなき打ち　拍子打ち　心武　打てば勝ち目あり

〝打てば勝ち目あり〟とは〝拍子打ち、想いなき打ち〟という〝境地打ち〟によってはじめて言えることである。心武に属することである。

通常相手を打つ場合、まず相手を想い→見て判断して→打つ、という順序を追って、これをできるだけ迅速に激しく行なえば勝てると考えて行動するのが一般的見方である。

しかし実際にはこれでは勝ち目は薄いのである。すなわち相手もまた同様に、〝想い→見て→打つ〟、からである。

勝つためにはその逆の順序で、〝打って→見て→想う〟、というような具合にならねばならない。しかしこれは人間業というものではない。ではどうしたら良いのであろうか。

〝想い→見て→打つ〟、という人間業の三段の順序を逆にするには、打つのに想いも見ること（判断）もない〝想わず、見ずに、打つ〟ということになる。これが勝ちである。

前者にはそこに作為が生じるが、後者には作為がなく無雑である。このような〝無雑な打ち〟というものは〝ものの拍子〟で打つのである。拍子とは〝もののはずみ〟を言うのである。

打ちはこのようなハズミの（拍子の）打ちでなくてはならない。

相手に対した時、はじめに想いあり、見るのであるけれども、打つ時には、その想いや見ることとまったく別個に、想いも見ることもなく、拍子で、ハズミで、サッと打ってしまうのである。

速度や技巧で打つのではなくこのような〝想いなき打ち＝拍子打ち〟というものを常に求めてゆかなければならない。

技の武（行のみの武）では完璧になれない。これから先を求めてゆくには、そういった一つの境地がなければならない。技武、行武のみでは完璧ではなく行き止まりとなる。〝境地打ち＝拍子打ち〟という心の武、心武ができなくてはならない。

このようにして〝拍子打ち、想いなき打ち〟が出るようになれば、はじめて〝打ちに勝ち目〟があるということになるのである。

ここに若さの敏速に対して老年の境地が勝ちを得ることができることになるのである。どんな熟練も拍子打ちには勝てないのである。昔はこれを〝神通力〟といった。そしてこれに達せんとすることを神（真理）に近からんことを念願するという。

（S45・8・6）清和会

❾ 無拍子、思わざる

今の剣道や空手等は拍子をとって格闘している。しかし腰回しの打ちは、相手にしてみれば無拍子で来たと思われるだろう。何か分からないがとんでもない奴だと思われるであろう。

“斬ろう”とも思っていない。合気正眼より無意識に出て、無意識のうちに差し上げた刀が、結果として相手の指を斬っている。（手刀斬り）

手を抑える時も痛めつけるためにやるのではなくて、対抗し難い感じを与えるだけで良いのである。抑えるというよりも軽く乗っているという感じである。それが対抗し得ない感を与えるもの。

手刀斬り（指頭）、合気正眼から入ると（腰を沈め）自然に指は斬れる。

ガチンと受けて流して打つのは駄目で、スルリと流して入り受けて斬る。

腰も意識的に回しているという域を出なくてはならない。目付との関連を重視して稽古することが大切である。

（S63・3・6）

⑩後ろの手の充実

半身の場合、後ろの手が下がって気が入らないと、どうしても前の手に意識が集中して足幅が広くなり、腰回りが悪くなる。

（S53・2・21）

⑪施そうとした技はかからない

例えば自分が意識的に相手に小手返しをかけようとする気持ちが起きて、これを施そうとすると、相手にもそれに対してかけられまいとする心が起きて結果的にうまくゆかない。

「第四章 〝ぶつからない〟ための意念」総括

平井先生の講義より
「真の円転となって現れる、意は現れるもの」（昭和58年5月18日）抄

後捌きの体捌きをする時、下からすくうように手を振り上げて万歳をして、その頂点において振り返る時、ただ単に行って帰るというのではなくそこに一つ腰回りがあって返らなくてはならない。

この時回るんだという思いで返らなくてはならない。強いて回そうとして回すと、形を作ろうとするから円が陰って技（所作）となってしまう。これはあらゆる捌きにおいて非常に大切なことであって、回そうとするのではなくて回るのだという思い（想い）（意）があると、その気持ちだけで実は腰が回っているものなのである。気だけ、思うだけで実は回っている。意は現れるものであって真の円転となる。

体捌きを生かすのは己にあるのであって意によって自然に現れる円転する腰回し、即ち円理のみで行く稽古を積むことによって体捌きの一部がその時その場に臨機応変に出る。自然に当意即妙に出てくるようになる。

そのためには目は写すもので見て判断してはならない。見れば勝敗にこだわり知恵が出て気がオジて、敗れとなる。技として考えてはならない。母体とは理は一つであるが無数のものを生み出すもので、表現が無数という意味で一人一流であるという。無数のものを生み出す母体が各自自分自身の中に潜在しているのである。

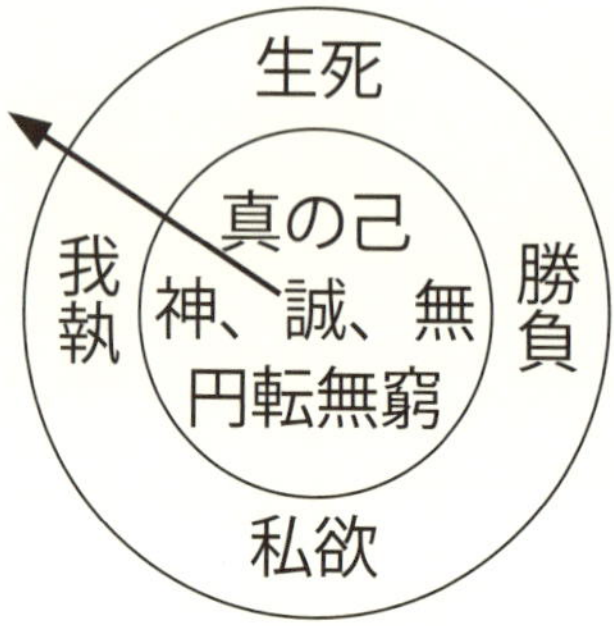

相手が突然攻撃して来た時それにどう対応するというのか？腰回し以外何があろうか。触れて見てやるのではなく、見ずに写して意によって現れる真の円転する腰回しによって対応するのである。意は現れるもので、現したらギコチないもの、無理のあるもの、技になってしまう。即ち円転に陰りが出る。気は感じであり意である。来るなという気は相手の意である。その時には意による腰回し以外に対応のしようはない。起こるなと思ったらパッと行けば相手が来つつある所をつくことになるのである。

何かやろうとしてやる剣ではなく意で現れた剣は絶対に強い。振り上げてボンと打ち込む剣よりも、腰の回って断ち切るような剣は絶対に強い。体捌きから行く時は意を現す時が一番円転するものである。

腰の真の円転は意によって現れるものである。意によって身体を捌くことが円転を会得する一番の近道である。意は時に応じて物を変化させる。意から出る技は腰回りから出るものしか出ない。円の腰回し以外に出ないのである。糸のタマがクルクルと回転してほどける時の無数に回る姿、これが武道の意の現れ、体捌きの姿である。相手が我が手首を持って来る時、相手の意を受けて意で対応（腰回し）さえすればもう済んでいる。

第五章

合気の境地

〝怖いものなし〟な心

ここまで、平井先生の言葉から「合気」「腰の回り」への追究を追ってきました。

「合気」も「腰の回り」も、ただ相手と同時に動くだけでも、合理的に自分の手足を運用するだけでも、〝丸く〟動くだけでも、「我」や「作為」を持たないことだけでも、決して実現しないのだということがおわかりいただけたのではないかと思います。

すべてが必要なのです。身体だけでも心だけでも駄目。身体の円転性が心の無窮を実現し、心の無窮が身体の円転性を支えている、すなわち〝同時〟のものとして繋がっているのです。

心技体などという言葉がありますが、現代はともすればこの心・技・体を別個の物として分けてとらえる傾向があるのではないかと思います。

「技」はだいぶ上手くできるようになってきたけれども、「心」がまだまだ。だからメンタルトレーニングで心を鍛えよう、などといったように。

しかし、合気道でのこれらは、完全に一体のものなのです。「心」の在り方が適切でなければ、「技」など成立しないのです。

武術で追究されている「合気」がこういう性質のものだとは、一般には思われていないかもしれません。しかし知れば、概念的にも実技的にも腑に落ちるのではないでしょうか。

「対抗しない」……この理念も単に身体的に相手の力に逆らわないという解釈のみならず、心で「対抗しない」ということも大切です。

「対抗しない」のだから、相手が何をやってくるか、などを予測しながら対策を講じる必要などないのです。なぜなら、相手と自分とは「対抗関係」にないのですから。

ここに思いが、そして身体性が至った時、初めて〝怖いものなし〟の心境が訪れます。強くなったのでしょうか？　傍から見ればそう見えるかもしれませんが、自分ではそうは思えないかもしれません。でもいずれにせよ、相手がいくら強くとも、攻撃的であろうとも、策士であろうとも、怖れる必要などないのです。

思えばこれは、人格にも反映される話でした。

警戒心が強く、心に壁を築こうという人も、誰にも勝る攻撃力を作ることで怖れを克服しようという人も、いずれも「合気」は為し得ないでしょう。

好戦的な人はいくら強くとも、どうしても敵を作ってしまいます。しかし〝円転無窮〟の心を持った人は、必要以上に警戒心を抱く必要も、攻撃的にかかる必要もなく、誰にでも自然に合わせられるゆえに、敵はできません。いわば「無敵」の状態です。

平井先生は、心の持ちよう、人格や生活態度に関する言葉も数多く残して下さいました。

これはまだ修練の進まないうちは、単に「そういうことも大切にせよ」という教えなのだな、ととらえるでしょう。

でも、数多くの稽古を経て、修練が進んでみれば、全然違った感じ方をもってとらえられるのです。

すべては繋がっていた。先生は実は〝たった一つ〟の大事なことを、さまざまな違った言葉で伝えようとしてくれていた、ということが見えてくるのです。

❶ 合気

・相手に好むところを与えて、相手自ら敗れるということ

円理に正しく従うものは常に相手を自らに順応させることができる。

乱取りの時、技をかけようと意識せず拍子を作ることが大切である。即ち自分の調子に合わせた拍子に相手を乗せるのである。気を合わせるのだということも同義である（合気）。しかしこの時拍子を作ろうと意識しては、技をかけようと意識するのと同じことになってしまうから無意味である。

（S48・3・6）

・出会いの時の合気

互いに打ち合いに出た時、気を合わせること。

即ち合気（意による腰回し）によって既に相手の第一動はこちらでとってしまっている。相手と一体化して我がものとしている。自らの捌きの中に吸収してしまう。即ち先をとって次からの行動はすべて先々となり、自らは絶対安泰態勢で、自らには良く相手には悪い間合いをとって行動すること。

合気とは流れのなかに拍子つかむこと。

流れの中に拍子をつくること。

（S47・2）

・柔よく剛を制す

相手の勝たんかなという勢いを、円転でもって自分の流れに相手をまつろわせること。相手に触れた

打ち合いになる時、気を合わせることによって、相手の動きをこちらの動きに吸収してしまう。"拍子"をつかめば、動作の遅速によらず、相手と一体化する形で主導権をとることができる。

拍子に腰を捌くことである。
　相手の呼吸を飲み込むような気持ち
　相手の捌きを吸い込むような動き
　相手との一体化

円の心理に則って相手に応じて相手に合わせて行く。自分が真理（円）に従って相手に合わせて、和して動く時、結果として勝ちとなる。

（S49・7・2）

●天の気に合わせる

（S49・2・6）

●合気道とは母体武道

日本古来の柔術と同義語である
円和一元の法則に従って、無から有　即ち心から形に現わすのに円で表現する。

（S57・9・14）

●柔らかい　母体　円転無窮

身のこなしを教えて、そして心の構えを教えればできるようになる。
自らは360度の中の一角をもって一角のみをもって攻める敵に対する。換言すれば直線で攻めて来る者に対して球転の腰回しで対する。合気道の極意なり。

相手が打ち込んでくるその呼吸を飲み込むような気持ちで迎える。腰回しによれば接触時からぶつからず、自然な流れとなる。結果として、あたかも相手の動きを吸い込んでしまったかのような捌きとなる。

円転による無数角で一角で来る相手を制するのが合気道である。そのためには硬いものではできない。柔らでなくてはならない。

腰が回るから物が回ることを会得しなくてはならない。

（S57・6・1）

・天との合気　相手との合気

相手との合気（内、精神）と調和のとれた腰回し（外）によって手の柔らかい部分によって相手が昏倒するような打ちが得られる。

腰回しによる相手との一体化、相手をとらえる。そしてその相手の崩れを延長して、付いて離れず最後まで体勢を安定させない。自由自在に自らの動きに同化させてしまう。腰回しによって接触点を動かさず相手に崩れを与える。腰を固めさせる。これが相手には無限大の力となって作用する。

（S62・2・7）

❷ 合気拍子

乱取りを行なう時に、技を掛けよう等と意識せず拍子を作ることが大切である。自分の調子に合わせた拍子に相手を乗せるのである。

これは気を合わせる（合気）と同義である。しかしこの時に無理に拍子を作ろうと意識しては、故意に意識して技を掛けようとするのと同じことになって無意味になってしまうから注意しなくてはならない。

（S49・3・12）

❸ 拍子、無拍子

•拍子

ハッと思えば敗れ、遅れとなる。気が当たり合うと結果的に遅い。区切り、固着となる。

•無拍子

気が合わされて誘導される。結果的に早い。無拍子の勝ちである。

相手より激しい拍子とすると、触れただけで激しく拍子をつけて固着して動かなくなる。

素人ほど区切りが多く強い。即ち拍子が強いために結論として遅いということになる。

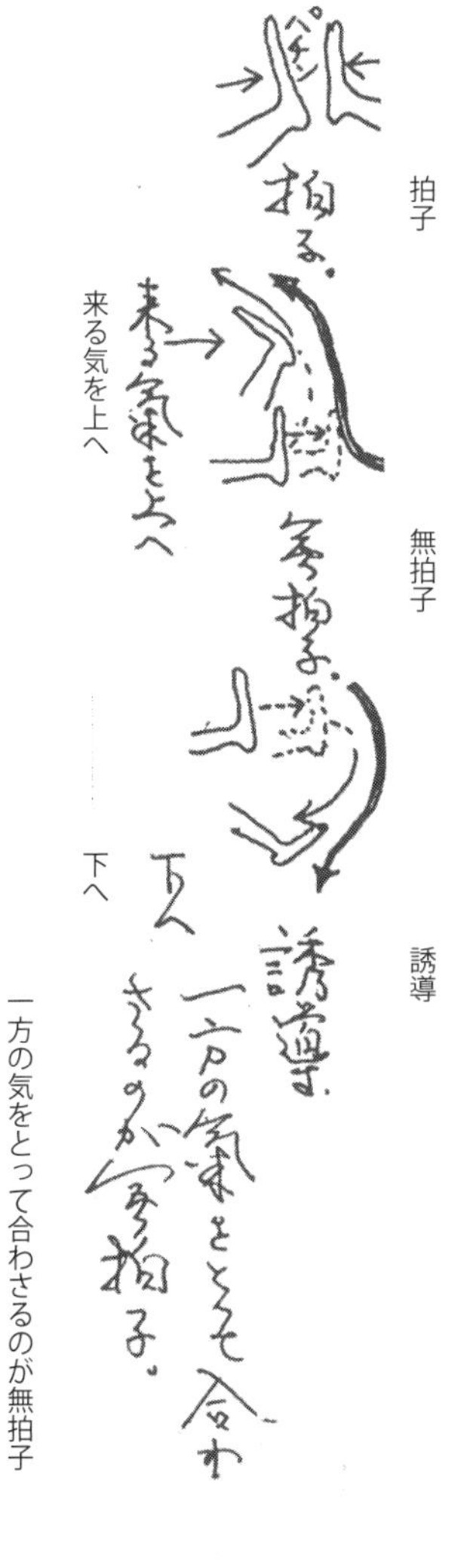

拍子、無拍子
（自筆メモより）

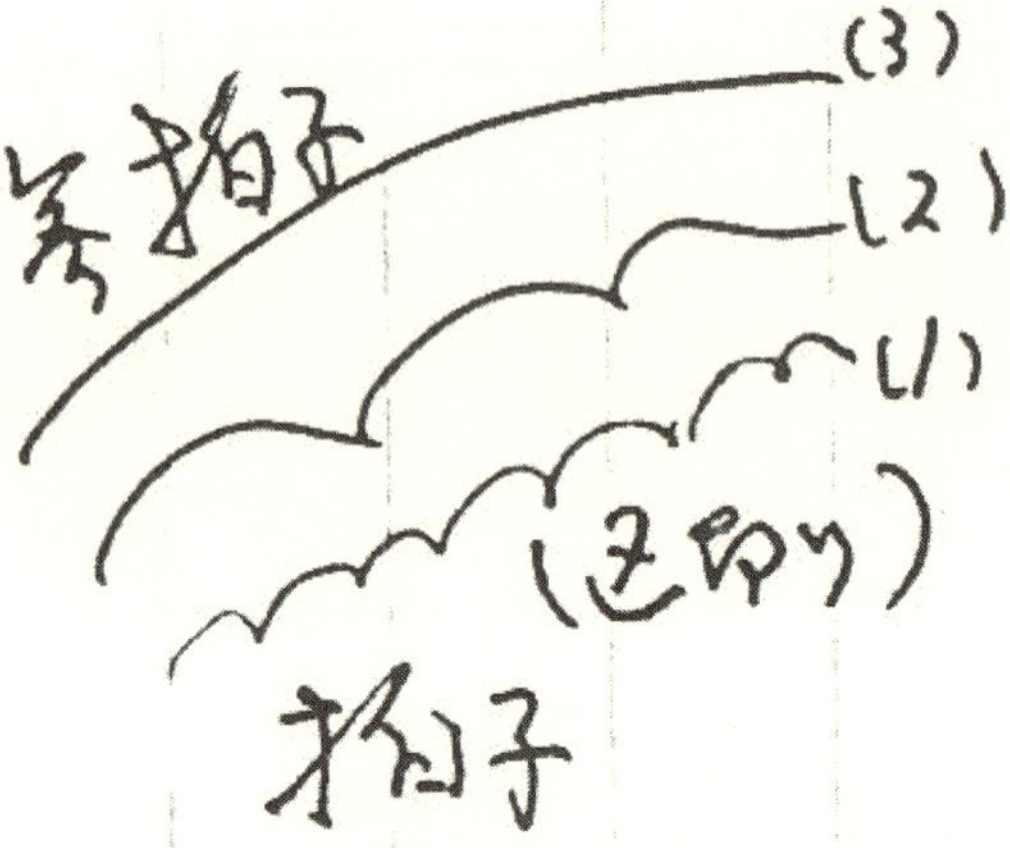

素人ほど拍子による区切りが多く、強い（1）。〝ハッ〟と思う瞬間は意図せず生じる拍子となって、結果として遅くなる。

拍子、無拍子（自筆メモより）

すべては事後の〝ハッ〟とになりたい。指導としては理のあることを知らせ修練させせねばならない。法は技よりも高度のものなのである。

（S45・8・15）

❹ 柔らかな対応（気発に腰回しで対処）

相手の攻撃を相手に抵抗を感ぜしめないように対応する。例えば胸または袖を相手に取られた時、握られた時、即ち相手が我が意をえたりと思うとき、その瞬間、相手は求めたところを掴んだけれども、こちらの抵抗を全く相手に感ぜしめないように接触点を動かさないで、その位置で腰回しをして、あるいは腰を落とし、あるいは身体を退き、進める等すれば、その掴んだことが相手の死につうずるのである。

打ち、突き等においても同様で手や剣等は意識しないで、相手の出てくる気を腰回りによって吸収して円くいなし、あるいはスーと相手の出てくる方向へ伸ば

相手が袖を取って来た時、その取られた袖には抵抗を顕さず、その手を動かさないまま腰回しをもって相手の気を吸収する。そのままわずかに進退するだけで相手は崩れて行く。

してやれば崩れる。

いつも（打ち、突き、持ちを問わず）相手の発する気を我が球転する腰回しによって捌いてしまうことによって、相手は打ったり、突いたり、取りに来たりする行動は、無抵抗の内に吸収（既にその時点で終わってしまっている）され、無意識の内に崩されていて、腰回しと連携した身体の動きが無限大の力となって相手に作用する。

そのため全く抵抗し難い巨大な力によってやられたように感ぜしめることになる。このような場合は無理やりにやられた（強引に）場合とは全く異なり、対応のしようがなく敗れてしまう。

我が方は相手の気発に応じた腰回しと、それに連携した身体の捌きによってほとんど一人で舞うがごとく全く力を要せず、無抵抗に相手を倒すことができる。

常に円く、円くとの信念から発する行動を信じて疑わず行ずることが大切である。円くない動きは死である。

わが身体の各部分の動作は、すべて我が腰回しから発したものであって、肉眼で見得る動きというものは最終段階のものなのである。

腰回りがあって初めて剣が振られ、杖が突かれ、手の振りとなり、握り等となるのである。それを最終段階である身体の動きを、相手との対応の時に、真っ先に意識して動けば腰は固定されてしまう。

手足、身体（外見の）の動きに重点を置いて種々の場合に対処しようとすれば、手の振り方、握り方、足の踏み方、身体の向け方等技術の世界で個別にそれぞれの場合について所作の稽古に終始することになって、力とスピードとの競争となってしまう。

相手の発する気を我が勘のハタラキ（神）によって、真理にたがわない球転する腰回しで対応することと専一に心がけて行動することが、応変の技に通ずる唯一無二の道である。

（S47・7・6）

❺ 技を修するや神に近からんことを念願する

（絶対に敗れないもの）神＝真理↓（武道的表現）↓球転無窮、円和一元の法則（動）

武道とは、自らを常にこの真理＝円和一元の法則、即ち無限角度を持つ球転に自らの行動（動）を一致させることにある。

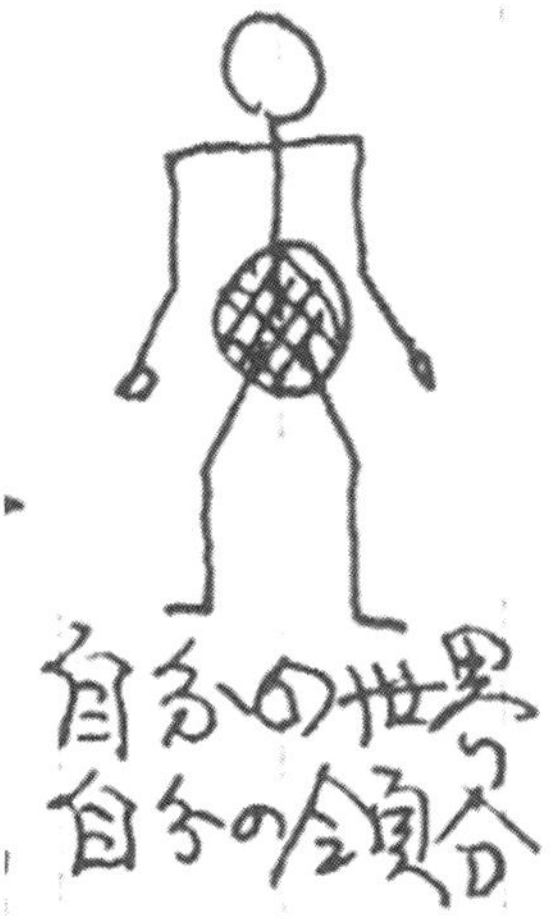

技を修するや神に近からんことを念願する
（自筆メモより）

逸脱したら（静、停止）、速やかに真理（動）球転に戻らなくてはならない。

すべての人にそれぞれ大小の差はあれ平等に自分のもって生まれた領分、世界というものがある。この平等の者同士において、それではどこに差が生じるのだろうか。

自分の領分内における行動が真理に近い方が真理から逸脱した者を敗る。

真理を神とも思い、心に信じ込んで手、足、頭、毛髪の一本一本までも円転して止まらぬことを念願しなければならない。

（動）球転無窮を（静）で敗ることはできない。

真理にたがわない球転無窮を蔵したわが領分を（自分の世界）運ぶことこそ正しい進退なのである。

（S47・8・1）

❻ 自己修正　万全の体勢

●調和

立体的に自分の周り360度の中において完全無欠の、完全に調和のとれた自己を完成することが目標で、そしてそこから絶対に逸脱しないことが大切である。かくのごとく常に自己修正に心がけねばならない。

（S49・6・5）

●完全な構備

いかに好機と思われても、自らの呼吸（体勢、態度）が万全に整わない時には行動を起こしてはならない。呼吸（体勢）の整わない状態で相手の誘いに乗ってはならない。攻め込まれて呼吸（体勢）の乱れた状態でかかっていってはならない。相手に攻撃されて受身をとったような場合、その相手に万全の体勢で呼吸を整えて、ツーツーと間をつめられたような場合、（これは万全の体勢の者は、自然にそういう具合に行動するようになるものであるが）、特に自分の呼吸を整えないで誘いに乗ったり、攻撃したりしてはならない。

ある程度の間隔をとって、それによって体勢を整えることができる。

（S53・3・14）

●構備の構え

自らを完全にすることを修業の最終目標としなくてはならない。

得意技を持つことは、後輩がそれを真似ることに懸命となるため、崩れたものとなってしまうから好ましくない。

（S53・2・21）

●修をもって労を制す

一動作の終わったと同時に体勢を整える。そこへ相手が攻撃してくる。即ち我が充実した気、万全の体勢をもって待っている所へ相手が来る。そこで先（起こり）を取ることができる。修をもって労を打つ。この理をもって行わないと組み型はできない。

剣、杖などの場合は体術とは異なって変化は少ない。体、杖、剣の順に変化が少なくなる。そして勝負太刀的性格が強くなる。

（S49・10・21）

●自らの崩れを相手に与えること

常に万全の体勢を保つということはでき難いものであるが、自分の崩れを相手に与えて、自分は正しい姿に戻ることが万全の姿ということになる。自分の崩れを相手に与えて自分が正しい体勢になるということは相手が崩れ敗れることになる。

（S49・10・2）

・相手は神様

万人はそれぞれ違った考えを持って異なった反応をすることであるから、こちらがこうすれば、相手はこう来るだろうなどという予想は全く成り立たない。常に自分が万全であるよう、そのためには、勝とう勝とうと思わないで、自分の内には烈々たる気迫を持ちながらも、常に自分を全うするように、真理に合致した行動、つまり円（球）転する腰回しで対処することが大切である。

（S53・7・17）

❼球転を信仰とする

武道において行動的なことは低位に終わる。

思想的なことは飛躍しすぎて実行面で失敗する。故に常に思いつめつつ〔心〕行ずること。即ち心行一体なることが大切となる。

武道は〝円〟の程度で決まる。武道に迷いは禁物である。

物事を直裁的に見てゆく思想が大切である。

信は心の哲学である。円運動の中心は目には見えないが存在する。そしてそこに信〔心〕を置くのである。

（S43・12・19、H1・3）

❽遊

・合気道の極意

自らの分を守り逸脱せず、完全球となる。

これは人間生活並びに合気道の極意となることである。よくよく考えてその境地に達することを目標にしなければならない。

（S56・2）

❾心

光輪洞の合気道においては精神（心）を優先し、心の現われとして技法を位置づけること。

（S58・11）

❿精神を大切にせよ

精神の伴わない武技は役に立たない。武技（技術）を積み重ねても実戦においてさして役に立たない。

これは太平洋戦争の時に痛感されて、心技円満な合気道が武徳会において創設された所以である。

剣道、柔道共に奇形的体躯を作り出す。精神面、哲学を伴わない技術偏重は役に立たない。

真理が一つならば、一ヶ月の修練ならばそれなりに、三十年の修練ならば、またそれなりに生きてくるものである。

（S60・2・9）

精神の伴わぬ武技は実戦において役には立たない。
精神が技となって顕われる、それが合気道だ。

⓫ 境地

笛の音に引き込まれてゆくがごとき幽玄の世界の舞曲と一体となる境地。

（S58・10・4）

⓬ 法に則って勤める

法　力　　無住心　　思わざる技
万全の構備　　法に則って勤める

（S53・7・5）

⓭ 至極の道

極に至る道程という意味である。

しかしその極といったものは実はなく（無極）常に求めてやまない道程という意味である。頂点という意味ではない。

師から弟子へ、またその弟子へと極まりなく、求め求めて勤める道である。

腰の回りが相手を崩す。円弧に振り回すのでなく、球が自然に自ら回転するごとく。

⑭ 創造武

相手の意を写してそれによって自らに発する意によって現れ出ずる技こそ真の合気の技である。自然に生み出されるもので、これが創造武である。

（S57・5・18）

⑮ 腰が回るから物が回る

円転による無数角で一角で来る相手を制する。これが合気である。

そのためには硬いものではできない。柔でなくてはならない。腰が回るから物が回ることを会得すべし。

（S57・5・18）

⑯ 修道の訓え

（一）心を修する神に近からんことを念

願とする
（一）技を修する春風ほのぼのの気を以てするものぞ
（一）力を練るや有形無心の事物より得るものぞ
（一）天地一道に極まるは無限の理
兵法又無極を説く
剣一法の理心得らるべし
円和円通の理形の生ずる所以なる

（東京道場掲示）

素直な心を以って　常に精進されたい　（道の永遠を信ずるが故に）
礼節を尊ぶは　最も大切ぞ　（今を限りと思う心ぞ）
整理整頓は　常日ごろ心得られたい　（武辺の者の心得なれば）

●心形五行

（遺訓）
常日頃心やさしくと心得ること大切ぞ
神仏を敬いまつる　頼るまじきぞ
礼儀を正しくするは　人間形成の道ぞ

国の大事に臨みては　身をもって順ずること　日々失念まじきぞ
常日頃整理清潔を心得よ　私生活を正すことぞ

⑰ 想い

球の転回は三百六十度の法線を無軌道に自由に輪転する。即ち三百六十度の法線は無限の円の角度を造成する。即ちこれを円の万形という。

　この法線学理は兵法の技形をも自由に作り得る。難しく考えることを止めよ。この法線を思いて自体を柔かつ柔に行動することを理元と心得よ。

得心すれば速やかに行に進め、思行は円転して死生一瞬の技も新生する。


（S61・9）

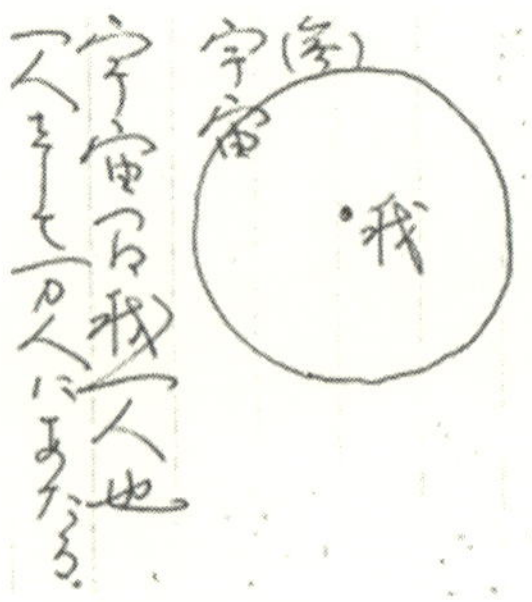

武道の原点１
（自筆メモより）

⑱ 武道の原点

　合気というけれどもそれを声に出し、また字に現わす前は、無形、無色何らつかみどころのないものなのである。我々人間はある日突然無の中からポツンとこの大宇宙の中に唯一人生まれ出てくるもので、己自身の中に未知の世界が絶対に存在するもので、それが人間である。そしていつまでたっても未知の中

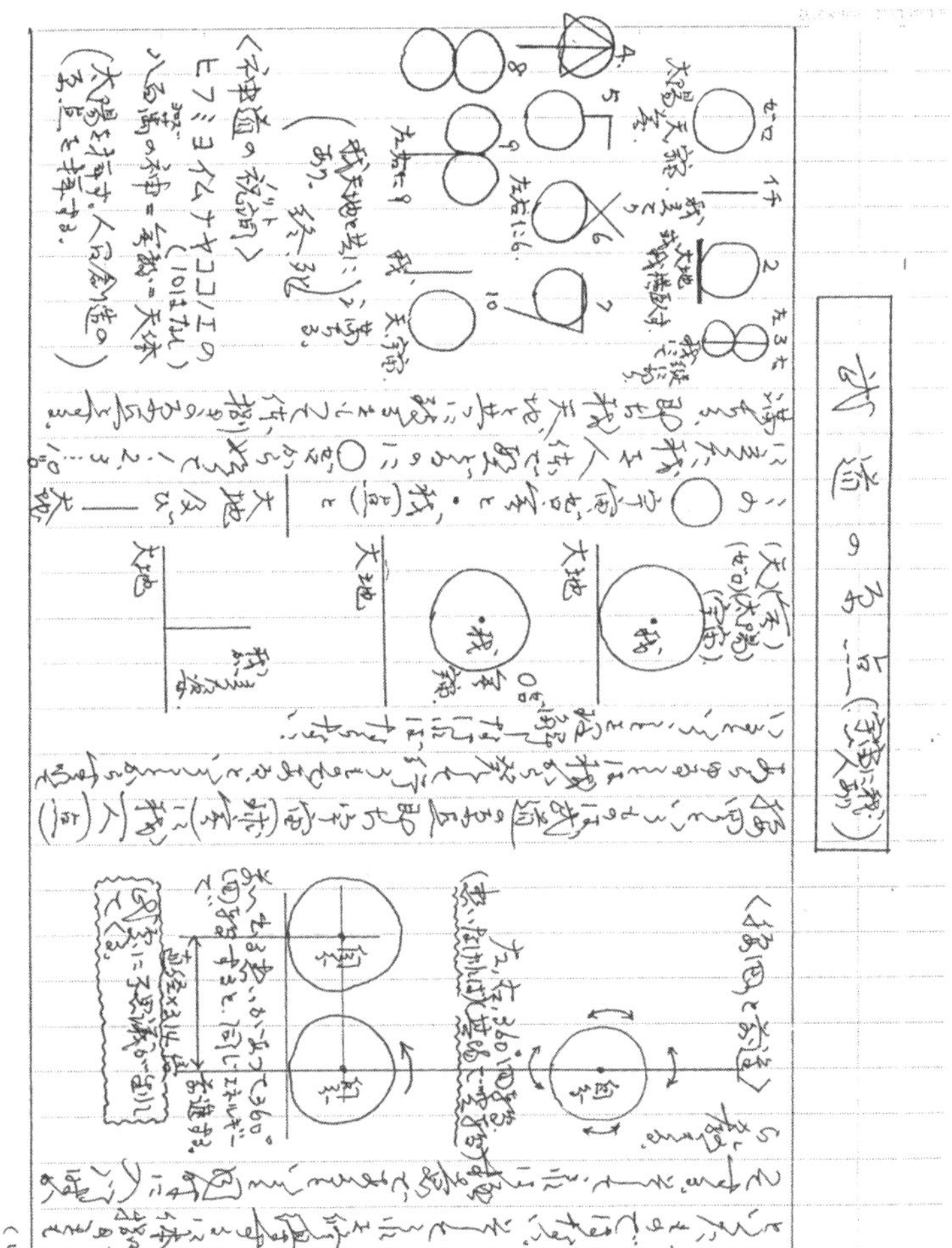

武道の原点２（自筆メモより）

に生きているのが人間であるからこそ八十歳になっても常に反省して常に勤めなければならない。

有と無の原点は己一人にあり、すべての行動は自分の想いと発想によるものである。自分は無の中からポツンと生まれ出てきた。百万人といえども我行かんの境地。我以外なし。宇宙間我一人也。一人をして万人にあたる。自らの動きは千変万化、球転無窮、流転する。止ったら（停ったら）死。暗黒の世界。天に一陽、地に二王なし。調和の武道、民族のため、生のための武道でなくてはならぬ。自他、この対立から武道が生まれる。

このような原点から考えないと調和は生まれないで、己のみの利を考えて暴力となってしまう。

（S62・9・14）

⑲あらゆることは我一人なす活性兵法とする

活人剣にも殺人剣にもなれる。これを円の理で活人剣となす。天に一陽、地に二王なし。即ち宗家と序列、調和の教え。兵法は人を生かすべきものであるが、武道家は殺すのを目標として修練している。この矛盾を解決しなくてはならない。一天に帰納して万化する。（無数）一、二、・・・・九満つる（十）これ円転無窮の理であり、体捌きの生まれ出た思想である。

千屋の里、明智峠において創り出された。兵法とは我一人のものである。最欲と無欲が同時に自らの中に巣くっているという事実を知らなければ百害あって一利なしである。宇宙の中に我一人ポツンと生まれ出てある事実、そしてあらゆることは我一人なすという武道の原点を会得していないと迷うことになる。0、1、2・・・9そして満ちて終わるという循環、流転となるのである。

殺人剣、暴虎馮河にならないことが大切で、こうなれば武道にあらずである。

武道はこの原点から発して球転を無理なく会得させ、だれでもできる武道、そして一年間すれば一年なりに、十年すれば十年なりに、それなりに動き得るという遍武、立証の武道でなくてはならない。そうすれば、経験的解釈にも円の道が生きるはずで活学となる。実践武道たる所以である。すべて原点は宇宙にただ一人、無欲、無私（思）の原点に立つことが大切なのである。

（S62・9・14）

⑳ 魂の訓（平井先生〈92歳〉最後の稽古にて　平成6年2月23日）

（1）意識して形を作ろうとした捌きは真の捌きとはならない。
（2）無意識自然に発する捌き以外は武道にならない。
（3）武道は魂、霊魂の発露である。生命をかける武道は人間の計らいではできない。
（4）魂の叫びがからだを動かすのである。
（5）技は意識して出すのではなく、自然に現れた姿である。
（6）本質は内なる神の働きである。
（7）一本一本形を作った体捌きは武道にはならない。
（8）夢の如き体捌きを目指せ。
（9）無の時に師から弟子に伝わってゆく。
（10）〝受けにたつ〟という心で行なってきた。

平井先生の講義より
「気発と腰回し（母体動作）気発の妙」（昭和56年7月7日）抄

宮本武蔵の二刀流は流名として円明流と名付けられ、本人も認めているところからも、腰の回りを中心ということ、そして円転ということが想像される。父からは体術を教えられた。最初は小太刀を習った。小太刀というものは腰の回りによらなければ絶対に切れないものである。

美作（みまさか）から出た人々は皆腰の回りを説く。例えば竹内流など、関西の武道は関東と異なって多少の差はあれ必ず腰回しの重要性を説く。即ち行動の最初は腰が中心になって行くのだということ、基礎は体のこなしにあるのだということを強調している。このように体のこなしが大切だということはわかっていたのであるが、これが円になっているということを説いた人はいなかったのである。

腰回しによって杖を操作する時、実は杖の動きより多く腰が回っているのである。腰の回りというものは人には見えぬものなのである。人に見えるものは腰回りによって現れる外観の動きなのである。即ち腰回しがあってその後に杖が出るのである。ちょうど鏡の前へ身体が出ると同時に身体が鏡に写るということに似ている。実体が鏡の前に出たからこそ鏡に写る。そこに遅速はないのだが、実体が前に出なければ写ることはない訳で、やはり遅速があるのである。実体即ち腰回りがあればこそ杖が出るのである。鏡に写る物のように写そうという気もなければ写ろうという気もない、唯無心自然に遅速なく反応する。杖も腰回しによって無心自然に出なくてはならぬ。

写し写されるのに時間的差はないのだが、実はあるのである。前へ出る「気」があって初めて前へ出るのであって時間差があることを実証している。これが「気」である。時間を超越しているところに気がある。事は同時であっても気の方が早い↓「気発」↓これを気発の妙という。無形の中に、思わずして動く風のような気が動く前に意識せずに発せられるもの↓「無形の気」…この境地に近づくには円転以外に道はない。円転することによって解決するという主張の表現が体捌きに込められているのである。

腰の回りというものは絶対の真理だということを信仰とし、いついかなる場合にも守らなければ必ず敗れると思い、生涯真剣にその修業を積まねばならない。

自然に身体が円となり球とならねばならぬ、体捌きとは球をそのまま丸飲みにしなければならぬ。

球の流転は信ずるほか道はない。この動きはこう回ってこうなるがごとき画を描いて分析的に思考することは間違いである。円になりきってしまう以外にないものと心得るべし。

体捌きは心術である。

総論（後書きにかえて）

〝時は即ち変化也〟一刻も停まることなく清濁合わせ受け入れ飲み込み円和しつつ調和して流動して行く。これが自然の理であり停まりなく流れ動く姿です。自然の一員としてこの理を武辺の道の根本原理即ち一元として受け入れて、あらゆる武道を生みだしてゆこうというのが平井稔先生の唱えられた〝母体武道〟、〝創造武〟として提唱された光輪洞合気道の根本理念〝球理〟です。

相手を見て判断して自分の対応を決定し、その目標に向かって行動しようとするということは、瞬時も停止することなく変化しつつ流れてやまない自然の様相を時や位置をある一時点に停止させて、それを見た後で即ち未来で起こす行動によって対処しようということ、即ち過去に未来を一致させようとしていることであり、不可能な対応なのです。変化には変化で対応する以外に道はなく、互いの変化の中のどこかで巡り合う一致点を見出すしかないのでしょう。

一瞬に生命を分かつ武道においては、いざ勝負といった時には考える暇等あるものではありません。常に停りのない、写す境地で浮身となり、感即動で気発に円和流転し一瞬同時の発動によって〝思わざるに時処に中する〟以外に道はないのです。球理の発現としての〝腰回り〟を我が〝信〟として疑わず、それに任せきり、心に全く動揺のない覚悟を得ることを目指さねばならないと指導されました。

これは自然の理に添うことが修行の目標であるから、社会生活万般にわたり通用する処世の実学として人格形成に有益であるところに存在価値があると主張されました。

この独創的な、自然の理からすべてのものが生まれ出るという母体武道を、旧大日本武徳会において合気道と命名されました。光輪洞門弟一同はそのご教導を受けてまいりました。稽古の度ごとに諄々と説き聞かせられました大先生の武道哲学の大枠を理解し把握していただくために役立てればと思い、私なりに纏めて参考に供したいと思います。

武道とは彼我対立の場において、勝ちを得るため相手に加える技法修練がすべてであるとの偏った認識から、相対するや途端に平常心を失い彼我に執らわれ、威を露わにし、武器を選びそれを専一に使おうとし、知らず知らずにその対立の中で一層緊張感を高め、勝ちを得よう、身を守ろうとするあまり、先を争い、隙を窺い、力やスピードで技を競おうとし、相手の行動を見定めて自らの分別、判断によってある一角に対して一角による対処方法を決定しようとするいわゆる習得武に陥ってしまいやすいものです。

しかしこれは天理、自然のハタラキに人智分別を優先させ、対立心によって、実は動いてやまなく変転する現実を無視して、時処を止めて決定した技法で勝利を得ようという人智万能を信じる人間の慢心です。そもそも調和という自然の理に反することですから、そうしようとすればするほど実現困難なことであることを知らねばなりません。

勝とうとする意欲に対して無の境地、換言すれば武道とは対立、闘争ではなく、常に流動し停まらず、調和するという円和一元の道を求めるものでなくてはならないということですから、常に一刻も停止なく、心においては球に発し元の球に戻ることを念じ反省自戒せよと繰り返し説き聞かされていました。日本武道の本質は無形のもので意と想い（心の動き）がすべてのものに優先し、それが兵法自体であるという認識でなくてはならないと教わりました。意と心が身体を動かすのであり、意心の道、触れもせず行う。これをこの道こそと信じて行じなくてはならないのです。

他を対象とせず、己の姿を正すことのみを対象として修養しなければならない、自己反省、自己修正が常に行われ、勝とうなどということを重点としてはならず、常に自己滅却で自己第一義で我一人なすものでなければなりません。武道修行の目標は、闘争の具とするということではなく自らが絶対の境地に立つという心を得ることであると強調されました。

究極の闘いの場にあっても実は心において全く動揺がなく、すべての我欲、執らわれを捨て去って、平常心、無対立で円和、流転すれば、それが根源的な自然の法則に合致するが故に思わざるに最優秀な対応となって現れるものであると看破され、球理絶対を唯一無二の法則と位置づけられ、心の武道、その想いからすべてのものが生み出されてゆくという〝創造武〟、〝母体武道〟でなくてはならないと提唱されました。目標はただ一つ、球理、流転の会得であり迷うことなくこれを信じ念々念願して精進せよと、根本原理を単純明快に示されてご指導をいただきました。このようにすべてをただ一つの理の思わざる発現で解決し得るとした武道は他に類を見ません。

この門に入ることを許されました私は誠に幸せであったと感謝しています。各種の武道に共通に通用しこなしうるものは〝受けて樹つ気迫で球転する腰回し〟であり、これを習得すること一つにあると指導されました。そしてその感得、自得を可能にできる稽古方法として、三六〇度の法線をいかに描くか、我々の心身を玉（球）と認識し相互が円和し流転することができる心身の動きを修行の目的として体捌きを創り出され、体捌き以外に我が想いを武道の形に現す道はないという究極の極意として、入門と同時に我々に与えて下さいました。自然に心身が流転する球となり、それになりきってしまう以外に道はないと心得よ、そして〝腰が回る〟ということ一つの会得こそが極意に至る道であると教えられました。

体捌きはただ単なる身体の操作法ではなく、むしろ心術として創りだされたと承っております。常に無形の心が現れ出なくてはなりません。無対立で無形の心としての〝遊〟の境地の体現として気から出る体捌きの会得、意と意の和合、気と気の繋がりから生まれるものであり、これは円満な柔らかさの中に充実した円の姿を連想して、あらゆる骨格の関節の屈伸や柔らかな回り、それらをつなぐ骨格の中心軸の周りの内外転の協調を伴って柔よく柔にこなして形に表現する以外に方法がありません。腰の回りが指の先まで円く円く柔軟に連動して動き、その回りの働きが柔軟に伝わらねばならないのです。

そしてその想いを相互の乱取りの中に取り入れ実現する稽古方法としていささか速度を落として、相手を求めてそれを目標として直線的にできるだけ早く攻撃したいものを、シモクの半身の角度の変化によってただただ円理に殉じて相手に逆らわず、腰回りで縦横無尽に身体がこなしえるように体捌きの表現を習う稽古をするのです。それには相互の気と気の繋がりを切ることなく連続し、しかも気と体との一致を感得しなければなりません。角度は速くても遅くても同じです。その一角が我が３６０度の中の一角と接する所で生死を分かつことになるのです。円乱取りはゆっくりとしているから楽なものではなく、精神的には生と死を自分で掴む、追究するという困難な道なのです。

平井稔先生の合気道とは、この〝腰の回り〟を立体球として無限に連ねて行くことによってあらゆる武道を生み出して行くという独創から生まれたものであって、他の武道に影響されて、それを纏めた形としてでき上がったものではないところに先生の誇りがあるのだと確言されておられました。型を数多く習得して、そこから極意に達するという考え方にはたっていないと申されました。即ち〝腰の回り〟が、体、剣、杖などあらゆる武道のゆき方に活きて来る本質だという立場に立つものであるという主張でした。しかしこの〝腰の回り〟というものは目に見えるといったようなものではなく、すべてのものをそのものたらしめているハタラキそのものであり、自然の流転、無常のハタラキ、神のハタラキとでもいうほかないものであって、我々の分別のなせるものではないと教わってまいりました。

腰回りで対応するということは一刻も停まることなく変化しつつ流れているという自然の理と合致した己の成り立ちを信じ、相対の対立を和して一体となるということです。その想いによって我が身体は停止することのない三軸の協調した回転（球転）の発現によって心身一如で我が芯の位置が時々刻々微妙に立体的に回り変化している状態になり、それによって対処するということです。攻撃しようとした相手に対して迎えて樹っているその時の気がこちらの中心であり、自分の芯になっているその中心（芯、腰）が目に写らないように動く（流転）ならばむこうは目標を見失って乱れ崩れることになるのです。これが一般に言われている相互の間隔という距離を指す間合とは全く異なった光輪洞合気道の唱える〝回る〟という気から生まれ出る〝回る間合い〟という真の間合であり、勝負はこれによって触れる前に気発時点で決定してしまうのであると教えられていました。

〝回る〟ということは角度の変化であるとの認識です。そして心の中に回るという想いが起これば心身一如ですから、動かそうとしなくても、身体も立体的に微妙にその位置が変わってしまいます。その場で腰が回ればもうそこにはいないことになるのです。

直線的にいくら速く目標に向かっても球転する角度の変化には優れ得ず、最初に狙った目標は同時に回られれば既にそこに留まってはいません。〝直線より球転の方が速い〟といわれる分析的な考察です。

またその理によって現れる身体の変化が腰回りによる〝入り身の真〟というハタラキを生む原動力であります。

人智による分別、対立、技術は直ちに相手の心の鏡に写し出されて、相手の知るところとなり敗られてしまうものです。目で見て判断するような武道はなく、実体を見て判断した時に敗れ去ってしまう。ここぞと思ってやった時は心と身体が別々になってしまうものです。相手には全く執らわれず無対立で鏡のような心による〝写し〟によって我が内なる〝遊〟の中の〝浮〟の境地で、何事にも動じない余裕の中で不用意に起こりなく無心自然に思わざるに打つ（回り打ち、写し打ち、拍子打ち）のみでなければなりません。無意識、無表情の内に自らが空である境地（自己滅却：自らの判断を加えずただ写るに任す、写ったままに応じる）になった一瞬に起こす我れから発する（自己第一義：外部からのいかなる対立にも影響を受けない真我、我が中心に静をおく、相対を脱し彼我一体で我一人の境地）行動を求め、彼我一体、心身不二のところで現れ出ずる〝惣身(見)の技〟を求めて修行せよと述べられました。

意は現そうとして現したら円転が翳(かげ)って技となってしまう。現れるに任せることによってのみ球転となる。ただ回るのだという想いだけでその一瞬に自分の誠心誠意を出すのみであると心得ねばなりません。無の瞬間の行動、無極が最大の圧力となり絶対の差を生み出すのであると説かれました。静かな状態において精魂を込めて心の修養に励めと言われました。勝たんとする意欲に対して〝無〟の境地というものを、常に激しく心に語りかけ、描き、呟き、言い聞かせよと教わってまいりました。自己生来に備わった自然が発動し、自然に生み出される創造武とならねばなりません。無感の感覚を磨き上げ、勘の赴くままに動く〝感得武〟、〝心の武〟、〝神の武〟を求めよという御指導を受けてまいりました。球理に即ち自然、内なる神に任せきらねばならず、この〝誠〟即ち〝心身一如の腰の回り〟というものが〝入り身の真〟という摩訶不思議、理外の理としか言いようのないような霊妙なハタラキを生み出します。それを兵法一法の道、唯一無二の道として、〝剣一法入り身の真〟なりと喝破されたのです。その場で腰が回るということ一つ、換言すれば体捌きが思わざるに現れること、それ以外道なしであり、これを信じて行じなければなりません。腰が回れば技は相手によって自然に出てくるものであると教えられています。球転による無数角（３６０度の法線）で一角で来る相手を制する。攻防一味これが我が合気道であり腰が回れば相手は順応せざるを得ないのであると申されました。

勝負は接触点を求めて自分の身体に支点を定めて踏み込みによって自らの力をその接触点を通して相手に向かって加えて技とするものではなく、触れる前に腰回りによって思わざるに現れる我が遊の中で相互の気の対立を円和して流転する〝回り〟によって決定してしまうものであると明確に解説されました。

触れる前に絶対がある。合わさずして〝気の内〟で勝つ。気と気との合わせ方で形がきまる。即ち合わせる前に自分の信じることが行われているということが一番大切なのです。剣に触れずとはこれを言い、これは相手に触れさせないことでもあると説かれていました。

完全なる心身の態勢（遊の中の球の流転、相手の抵抗を感じない全く動揺のない状態）において和合するように顕れた〝その場での腰回し〟が後になって必ず技となって現れるものだという確信を持たねばなりません。それが触れる前に既に勝負はついているものだと主張される所以です。

自分の信ずる心の帰納するところを神と言う。一抹神に通ずるものがあると確信するからである。これが武道のありようであると説かれました。

また勝負は〝真の間合〟で決まるものであると教えられていました。〝真の間合〟とは一般に思い込んでいる相互の距離間隔ではなく純粋に〝回る〟という想いにより発現する無形の回転そのものです。相手を〝受けて樹つ気迫があって腰が回る〟ということであり、相手は気発の時点で定めた目標を見失い乱れ崩れて虚心、虚体となってしまうのです。打ち技に例をとれば、相手の動けないその虚体を相手からは打てない流転し定まらない我れが打つことなのです（静を動で打つ）。これを〝天の打ち〟と呼んでいますが、これが腰回りによる〝回り打ち〟〝途端の打ち〟〝拍子打ち〟などと言われる打ちです。

道場では神前に礼を正し神に近からんことを念願して稽古に励まなくてはなりません。道場は実践の場であり、心のゆがみは即座に修正される尊い場であると諭されました。

〝キノミワザ　タマノシズメアリ　ミソギワザ　ミチビキタマエ　アマツチノカミ〟

正しき道は唯一つ、それは心の信であり、信とは神であり球の中心である。

我れを練らん、玉を練らんもかんながら、正しき道は唯一つ、これは本当の神の心、これが球の中心にあるということであり、武の真髄であると先生は信じて来られました。

昨日より今日に伝えし我が玉を　導きたまえ天地の神

昨日より今日に伝えし我が玉を　明日に伝えて　ことよすもかな

球の流転という自然の法則を確信しているということが光輪洞の行き方のすべてであり即ち球の理を信奉せよということです。神に祈りつつ常に念々念願してこれに勤め励むことによってその道に達せよ、朝に夕に刻一刻と努めて行くことによって感得の世界に入れ。これが自分の意志でなく出てくるものとなり、解釈のつかぬ道であるが故に神（誠）と言うのです。いやがおうでも流転三六〇度の法線の中に自らを処して行く、魂を表現するのにこの哲理をもってすることによって千変万化の奇跡となって顕現するのですが、これは自得に待つ他に道はないものだと申されました。

大先生は常々機会あるごとに光輪洞合気道の稽古は〝腰の回り〟の修得一つであると強調されていました。

一角に対して一角で対するという精妙煩多で複雑な技法に頼ることなく、相手を求めて開いてゆく360度の気の広がりの中のどこかの一角がどこかで必ずそれに中して最優秀なハタラキを顕すという、難しい選択の必要がなく最も容易で確実に対処できる道であるのに、なぜそれを信じないのかと大先生は嘆いておられました。〝解ったらいかん、感じなさい〟とか〝考える前に腰を回せ〟と簡潔に指摘されました。

人間は私利、私欲、勝ち負け、執着など自己を取り囲む種々のものを取り去って無となり、自然と一体となったとき、初めて球転無窮の完璧な行動が思わざるに現れ出る。そして絶対不敗の境地、むしろ勝敗のない世界、相対の世界を抜け出た境地を目指してこそ処世の実学としての光輪洞の合気道の修行の真価があると説き聞かされてまいりました。

これらの教えの数々はどんな些細なお言葉でもただ単なる物語ではなく、大先生の長年に渉る血の滲むような修業と思索研究による結論であり、すべてが実践によって実証された貴重な体験に裏打ちされたものです。その教えを信じ守り行ずれば、門弟一人一人の誰もが会得できる、無から有、心から形へという調和の道としての光輪洞合気道の修得は必ず成就できるものであると我々を励まされました。門弟のため余すことなくご披露いただいた貴重な秘伝であります。このような素晴らしい教えを受けることのできました幸せを噛みしめ更なる精進を誓うものです。

一人でも多くの方々にこの理念による合気道を実感していただき、それをまた社会生活にも活きる指針として人格形成のために善用していただければ望外の幸せです。

平成二十七年二月

成田新十郎

著者プロフィール
成田新十郎（なりた しんじゅうろう）
1929 年生まれ。
1959 年、光輪洞合氣道創始者、平井稔師のもとに入門。
1997 年、九段位取得。2003 年、光輪洞合氣道総師範に就任。
2006 年、総師範を辞し光輪会を引退。現在は個人、小グループを対象に指導しながら、自身のさらなる心技の研鑽に努めている。
著書：『円和の合氣道』（BAB ジャパン）、DVD『円和の合氣道』（同）

撮影協力：白石太志（静中心 合氣道 無元塾 代表　http://mugenjyuku8-aiki.jimdo.com/）
小形宰一（合氣研究所 代表　http://aiki-lab.wix.com/aikilaboratory）

装幀：中野岳人
本文デザイン：和泉仁

“円”の合気 修得のキーワード！
稽古日誌に記された短く深いことば

2016 年 3 月 30 日　初版第 1 刷発行
2022 年 2 月 20 日　初版第 2 刷発行

著　　者　成田 新十郎
発 行 者　東口 敏郎
発 行 所　株式会社ＢＡＢジャパン
〒 151-0073 東京都渋谷区笹塚 1-30-11 4・5F
TEL　03-3469-0135　　FAX　03-3469-0162
URL　http://www.bab.co.jp/
E-mail　shop@bab.co.jp
郵便振替 00140-7-116767
印刷・製本　中央精版印刷株式会社

ISBN978-4-86220-969-6　C2075

BOOK Collection

佐川幸義 神業の合気

力を超える奇跡の技法“合気”への道標

大東流合気柔術は、傍目にはまるで魔法のように相手を投げ飛ばし、崩し落としてしまう武術であり、その極意「合気」を会得できた者は史上何人も存在しないと言われる。佐川幸義が高弟たちに残した言葉やその技法、そして武術家が明かす事の少ない「鍛錬法」まで、知られざるその姿に迫る、あらゆる武術志向者必読の書。

●『月刊秘伝』編集部 編　●A5判　●192頁　●本体1,600円+税

武田惣角伝　大東流合気武道百十八ヵ条

希代の武道家・武田惣角宗家が伝え、二代目宗家・時宗師が整理した精緻な技法体系のすべてを解説!　さらに! 大東流の歴史、稽古・鍛錬法、合気技法の解説、技法体系の分析、古流剣術との技法比較、合気の小太刀（初公開）など、筆者が半世紀に及ぶ修行の中で綴った、貴重な記録、秘伝、研究を公開する、全武道ファン垂涎の決定版!

●石橋義久 著　●B5判　●388頁　●本体2,800円+税

大東流合気柔術

岡本正剛　一瞬に決める合気

誰にも真似できなかった、絶技の秘密。38歳で大東流の門を叩き、達人にまで昇り詰めた男。相手がその手に触れた瞬間には吹っ飛ばされている。そのような技を体現できる男だった。生涯ただ一度実施していた、高速度撮影画像多数収録!

●『月刊秘伝』編集部 編　●A5判　●192頁　●本体1,600円＋税

凄い! 八光流柔術 短期修得システムを解明

「〝心的作用〟を使い、指一本で相手を制す!」　心や意識、痛覚など人間の生理構造を巧みにコントロールし、一瞬にして相手を極める絶技の数々。誰でもすぐに身に付けられる、巧妙に体系づけられた護身武術を明らかにする! 筋力には一切頼らない。ほとんど移動することなく瞬間的に極めてしまう、精巧なる技法。すべての武術家が待ち望んだ、八光流の謎を解き明かす書が完成!

●奥山龍峰 著　●A5判　●192頁　●本体1,700円+税

合気道の解　“引き寄せの力”が武技と人生を導く!

「合気道は我々に何を教えようとしているのか?」　伝説の達人・塩田剛三の内弟子として薫陶を受けた著者がその答えに迫る!　身体の中心軸を保つ「中心力」、中心力を変化の中で使う「呼吸力」の段階を経て、相手を自在に操作する「誘導」の境地へ。和合の術理に見る合気道の「解」が混迷の世を生き抜くカギとなる!

●安藤毎夫 著　●A5判　●264頁　●本体1,700円＋税

BOOK Collection

塩坂洋一×保江邦夫 **合気問答**

佐川幸義宗範の"神技"に触れた二人が交わす! 一つの境地に向かって、対照的な個性で各々にアプローチしてきた両者の"化学反応"から真理が解き明かされる! 日本武術の深奥"合気"への確かなる道標!!

■目次:合気あげ/大東流一ヶ条/合気補完術・骨相学/脳科学と意識/物理学と発想力/コヨリの合気/体之術理と愛の原理/対談『佐川宗範の教えと我が"合気"探求』

●塩坂洋一・保江邦夫 共著 ●A5判 ●280頁 ●本体1,600円+税

物理学で合気に迫る **身体「崩し」の構造**

底面重心位置、連続移動作用点力、ベクトル力、骨格構造的弱点、デッドポイント、慣性モーメント、角運動量、並進慣性力、回転慣性力、外力、内力、重力・・・。自然科学の視点から、武の神人・佐川幸義宗範の技を追求する!!

■目次:ぬかるみに学ぶ"崩し"の物理/波にさらわれる身体に学ぶ"崩し"の極意/ベクトルとしての力を利用した"崩し"の極意/他

●保江邦夫 ●A5判 ●264頁 ●本体1,600円+税

コツでできる!合気道

「同じ動きをしているはずなのに上手く技がかからない……」合気道を学ぶ上でぶつかるこの壁の越え方を、骨格・筋肉などの人体構造から詳しくレクチャー! 初級者から上級者まで誰でも使える武道のコツをここに公開!

■目次:合気道のコツ概論/達人の技 をコツで分析/合気道のコツ実践編/コラム 知っておきたい運動生理学

●吉田始史 著 ●A5判 ●176頁 ●本体1,600円+税

誰でも体感できる、だから習得できる!
できる!合気術

合気をひもとく5つの原理! 独自の稽古法と理論で、合気を体感→習得できる! 欧州で研鑽を続け、今までにないアプローチによって確立した、筆者独自の合気習得メソッドの集大成! 初心者から上級者まで合気を身に付けたいすべての武道愛好家にとって、分かり易く、実際の稽古に役立つ、「道しるべ」となる一冊。

●倉部誠 著 ●A5判 ●184頁 ●本体1,600円+税

合気道小説 **神技** — kami-waza —

パリにある合気道学校では、合気道創始者・植芝盛平の極意技術《神技》の再現するために、神秘と情熱、そして狂気のやどる稽古が行われていた。そこで稽古することになった二人の少年に待ち受ける修行とは? 武道の極意世界に至るまでの過程が、二人の少年の成長、そして感動とサスペンスのあるストーリー展開で描かれた、武道の極意が学べる新感覚武道小説。

●ガディエル・ショア 著/永峯知佐登 ●四六判 ●384頁
●本体1,600円+税